社員は1分で変わる!

儲かる会社をつくる「できました」の魔法

牧野剛
Makino Tsuyoshi

自由国民社

まえがき

日本の中小企業は慢性的な人手不足に悩んでいます。

そこに政府が掲げる「働き方改革」が本格的に施行されると、ますます働き手不足が深刻化します。この「中小企業の冬の時代」に生き残りを賭けて、社長さんたちは、一体どう動けばいいのでしょうか。

その答えは、**社員全員を、「粗利脳」を持った「儲けの即戦力」に変えてしまうこと**です。

社員一人ひとりの生産性がアップすれば、今、現在の社員数、場合によってはもっと少ない人数でも会社は体力を保つことができ、さらに儲けを増やすことも可能なのです。

では、そんな魔法のような方法はどこにあるのでしょうか？

その秘密は社員教育にあります。具体的には、本書で紹介している**「1分でできる『できました』教育」**が、その魔法のような方法です。

私は、社会保険労務士（社労士）として、30年近く、1000社もの中小企業の労務状況を改善してきました。

また、その経験を活かして、業績アップのための社員教育のノウハウを築き上げ、日本中の中小企業で研修を行っています。

多くの会社が苦しんでいる今こそ、自らの経験を活かして社長さんの悩みを解決したい。そこで、わが社はもちろんのこと、私が実際に研修を行った多くの中小企業で効果を上げているのが、この「1分でできる『できました』教育」なのです。

「1分でできる『できました』教育」は、とてもシンプルな方法ですが、確実に儲けを出すことが可能なノウハウです。

ぜひ、人材採用や人材教育に悩んでいる中小企業の社長さんに、この「1分でできる『できました』教育」を取り入れていただきたい。

そして日本中の中小企業の社長さんやその社員たちを元気にし、利益を上げ、日本全体を明るく元気にしたい！

そのためにもこの「1分でできる『できました』教育」が、日本中に広がることを願ってやみません。

日本中の中小企業の社長さん、ぜひ今日からこの「1分でできる『できました』教育」を取り入れてみてください！

きっとその効果はすぐに社員の表情に、そして会社の利益に反映されるはずです。

もくじ

第3章　1分でできる「できました」教育　91

第4章 お客様が「ありがとう」と言う会社は絶対に儲かる

第5章 「わかりません」社員も粗利を上げる

第7章 儲かる会社は、まず社員を大事に 191

第1章

「できました」教育が会社を救う

ピンチをチャンスに！
働き方改革で生き残る会社、つぶれる会社

中小企業にとって、かつてないピンチが訪れようとしています。

２０１９年４月から本格的に始まった、いわゆる「働き方改革」をきっかけに、人手不足の急激な悪化が予想されているからです。

働き方改革の目玉として、有休の強制取得や残業の上限規制などが推し進められていますが、もともと働き手の少ない中小企業では、そのどれもが深刻な人手不足にさらに拍車を掛けることに直結します。

有休の取得者数が増えると、現場の手が足りなくなりますし、人件費の面からみても、年間で２％の負担増になるという試算のデータが出ています。

残業時間の管理も厳しくなるので、人手不足からせっかく受注できそうな案件も断

らざるを得なくなり、経営が先細りになっていってしまう可能性もあるのです。
この大波を受けて、今、全国の中小企業の社長さんたちには、ひとつの決断が迫られています。

すなわち、**現状維持のままでいくか、変革をするのか。**

現状維持を選んだ場合、残念ながらその会社は衰退の一途をたどることになるでしょう。中小企業に不利な働き方改革の影響をまともに受けて、廃業に追い込まれる可能性も高いのです。事実、２０２５年までに日本の企業の3社に1社、およそ１２７万社が「廃業危機」を迎えるというデータもあります。日本経済の成長を支えてきた中小企業の「大廃業時代」が迫っているとは、とても嘆かわしいことです。

一方、変革を選んだ会社は、今置かれているこのピンチを、むしろチャンスに変えることで、成長することができるでしょう。

さらに、廃業した会社の顧客層が市場に出てくるので、その受け皿として新規開拓をするチャンスに恵まれる可能性も出てきます。

現状維持か、変革か、どちらの道を選ぶかで企業としての明暗が分かれてしまうのです。

そしてこの「変革」の後押しをしてくれる教育方法が、私が提案している「できました」の魔法です。

詳しい実践方法は第2章以降でお伝えしていこうと思いますが、簡単に言ってしまうと、社員が何か業務を行った際には「〇〇することができました」と報告させる。これが「できました」の魔法です。そしてこの教育メソッドを、わが社では「できました」教育と呼んでいます。

たったこれだけで社員はぐっと成長します。

では、具体的な「できました」の魔法の説明に入る前に、この章では、今、中小企業が直面している問題について考えてみたいと思います。

社員が働きたい！と思える会社とは？

押し寄せる人手不足の波の中で、多くの人に「ここで働きたい！」と思ってもらえるような魅力的な会社をつくるためには、次の３つが重要です。

・「労働条件」が良い
・「人間関係」が良く、居心地が良い
・「働きがい」が実感できる

その3つを同時に実現するためにはどうすればいいのでしょうか?

その答えとは、生産性をアップすることです。生産性とは、量をたくさん作ることとか、早く作ることではなく、社員一人当たりの粗利益額のことです。粗利をアップすることで、本当の利益が生まれます。粗利こそが、従業員の給料や社長の役員報酬、設備などの原資であり、企業の幸福の源です。

働き方改革はブラック企業を撲滅しようという動きから生まれました。実はブラック企業の特徴は非常にシンプルです。儲かっていない会社があれば自然とブラック企業になってしまうのです。粗利が高い会社ほどホワイト企業です。儲かればこそ、給料も労働条件も好待遇にできるからです。

粗利を上げるにはどうすればいいかというと、ベストなのは**高くても買っていただける状況をつくること**です。「高く」がミソです。「大量に」買っていただこうとすると、生産量も多くなるので、残業もコストもかさんでしまいます。大量に買ってもらおうとする会社は儲かりませんし、働き方改革にも失敗します。

粗利を高くするメリットはまだまだあります。粗利（≒販売価格）を高くすると、その商品を買ってくださるお客様の質が上がるのです。

つまり高くてもその商品を買ってくださるお客様は、その会社や商品のファンなので、クレーマーになりにくいのです。

クレーマーは社員を疲弊させます。商品でも、サービスでも、クレームが起こるのは大体、商品の価格の安いところです。少しでもクレームを減らすことができれば、社員の労働環境が良くなります。**良いお客様と長くお付き合いするためにも、粗利は高く設定した方がいい**のです。

働き方改革とは、単に残業を減らして、有給休暇を取らせることではありません。働き方改革は「稼ぎ方改革」であり、古い稼ぎ方を、粗利率の高い稼ぎ方に変えていくことです。

　粗利のアップこそが、働き方改革の本質なのです。

　粗利の高い会社づくりに大切なのは、高く買ってくださるお客様をできるだけたくさん集めることです。ビジネスの基本は人間関係なので、粗利を上げるためには、結局のところ**お取引先と良い人間関係を築けるようなスキルを持つ社員を育てること**が根幹になってくるのです。

　現状維持か、変革か。生き残るためには何をすべきか。生き残りを賭けて、今こそ社長が決断する時なのです。

社長が抱える2つの悩み。それ、一気に解決できます！

社長というのは、いつも孤独な立場にいるものです。

会社を一歩出ればライバルがたくさんいますし、社内に戻っても、自分がトップとして、あれこれ責任を持って社員をリードしなければなりません。周囲を引っ張ろうと頑張れば頑張るほど、社員たちから浮いてしまうことさえあるのです。

社長はたったひとりで重責を負って、気を許せる時がありません。日々が緊張の連続で、時には弱みを吐きたいと思っても、腹を割って話せるような相手が意外に少ないものなのです。

そこで出番となるのが私たち社労士です。社労士は、親身になって社長さんの相談に乗り、会社が抱える悩みの解決に向けて一緒にゴールを目指していくという〝社長さんの味方〟なのです。ですので、社長さんから「君にだから話すけれど」と、胸の内を打ち明けていただくことも多いのです。

ご相談の内容は千差万別、多種多様です。ですが、共通する悩みは、「売り上げが伸びない」というもの。社長さんたちを対象にしたアンケートでも、**悩みの第1位は「売り上げ不足」**となっており、会社の規模の大小を問わずこの点は共通しています。

もちろん、社長さんは日々様々な工夫を凝らしています。社員にハッパをかけて、新商品の企画をしたり、販路の拡大にチャレンジしたり、大金を投じて広告を打つこともあります。ですが、どれも今ひとつ成果に結びつかないのです。その結果「何をやっても売り上げが伸びないんだよね……」とため息交じりにご相談にいらっしゃる社長さんが絶えないのです。

そういった社長さんによくよくお話を伺っていると、当初のご相談内容である売り上げ不足の件とは別の悩みが浮かび上がってくることがあります。それが、「実はいい人がいなくて困っているんだよ」というものです。自分の会社にいい社員が入ってくれない、というお話です。求人広告やハローワークなどで求人活動をしても、人が集まらない、という場合もありますし、今現在、会社で働いてくれている社員が今ひとつピリッとしないという場合もありますが、社長さんからのどんな経営のご相談でも、結局は「いい人がいない」という「人手不足の問題」に行き着くことがほとんどなのです。

もちろん社長さんたちは、会社の礎は人であるということは百もご承知です。「人」の大切さはわかっているけれど、いい人を集めるために、実際どう行動すればいいかわからない。今働いてくれている社員をクビにはできないし、かといって新卒や中途採用で人を集めたくてもうまくいかない。とりあえず当座の悩みは日々の売り上げをなんとかすることなので、ややこしそうな人手不足の問題は、手の打ちようがないまま ついつい先送りにしてしまっているというのが本音のようです。

こういったご相談を受けた時の私の返事は決まっています。

「社長、じゃあ、その2つの悩みを同時に解消しちゃいましょう!」です。

社長の悩みの1位と2位を独占する「売り上げ不足」と「人手不足の問題」を一気に解決できる方法をお教えするのです。

その方法とは、人事に関する施策を、すべて「粗利」を意識した発想に転換することです。粗利を意識した発想のことを、私はわかりやすく「粗利脳」と呼んでいます。

会社経営の中で、人事に関係する分野は、社内教育、営業研修、採用、福利厚生など多岐にわたりますが、これまでの見方をいったん全てリセットして、「粗利脳」の視点で新たに見直してみるのです。

「そんなこと言われなくたって、いつでもウチの会社は儲けを意識しているよ」という方もいるかもしれません。ですが、そういった方の多くが注目しているのは売り上げの金額なのです。ところが、真に注目すべきは「売り上げ」ではなく「粗利」なのです。なお「粗利」とは、売り上げから原価を引いたもので、本当の意味での「儲け」を表しています。

薄利多売主義が会社をつぶす

なぜ、注目すべきは「粗利」なのでしょうか。それは、企業が一番ラクに儲ける方法が粗利アップだからです。

売り上げが大きくても、仕入れ値などの原価率が高いと、売っても売っても儲かりません。この状態がいわゆる「**薄利多売**」といわれる状態ですが、薄利多売は利益率が低いために赤字になりやすく、経営上の体力が少ない中小企業では、この状態が続くと倒産するなどの危険が伴います。

なお、この逆が「**厚利少売**」です。文字通り、利益が高いものを少しだけ売ることを指します。

粗利率が高いとは、同じ原価の商品について販売価格をより高く設定している状態のことを指します。たとえば、原価10円の水のボトルがあったとします。それを1本50円で売れば、粗利は40円です。ですが、同じ水を1000円で売れば、粗利は990円です。あっという間に、1本50円で売っていた時の約24倍の儲けになります。これが、粗利率が高いという状態です。

1本が1000円で売れてくれれば、1本50円のボトルをせっせと24本も売っていた時と同じだけのお金が、24分の1の手間で儲かるのです。

しかし、これを「売り上げ」で見てしまうと、50円のボトルを20本も売った時の1000円と、1000円のボトルを1本だけ売った時の1000円が同じ価値に見えてしまいます。前者は、売る時の労力や仕入れコストが20倍も掛かる上に儲けは約2割減となるのに、です。

これが、私が粗利にこだわる理由です。ラクに儲ければ儲けるほど企業の経営状況は良くなるので、**社長は常に「少しのものを高く売る」道を選ばないといけません。**

安いものをたくさん売ると、コストと手間ばかり掛かって儲かりません。仕入れも増えるし、機械などの設備投資も必要になる。在庫が増えるので、広い倉庫も借りなくてはいけませんし、労働力も増やさなくてはいけなくなります。この人手不足の時代にそれは無理な話です。少ない人数で大量生産に対応しようとすると、残業が増えてしまいますが、働き方改革が叫ばれている今、過重労働を強いるとブラック企業と槍玉に挙げられてしまいます。

ですが、原価が同じ商品でも、値付けを高くすれば、作るのも売るのも少しで済みます。原価は変わらず粗利だけ上がります。粗利がアップすれば労働時間は減らせるので、社員は早く家に帰ることができます。残業代が減るので社長もラクになります。こうして会社はホワイト企業化に成功するのです。

「粗利脳」社員が利益を生み出す

粗利を上げる方法の中で、一番効果的なのは「値上げ」です。コストを下げるために仕入れ先を買い叩いたり、爪に火をともすような倹約を社員に強いて疲弊するより、販売価格を少し高くするだけでも粗利は劇的にアップするのです。

ですが、当たり前ですが無策のまま急に値上げをすれば、お客様にはそっぽを向かれてしまいます。

値上げを成功させるには気をつけるべきポイントが2つあります。

ポイントの1つ目は、まずお客様と良い関係を築き上げておくことです。

日頃からお客様とコミュニケーションを深め、信頼を得ていれば、こちらからのお願いごとにも快く耳を傾けてもらえます。

そのためには、社員のコミュニケーションスキルを磨いておく必要があります。本書で説明する「できました」教育では、社員が「できました」の1分間報告を行うことで、お客様とベストな関係を構築するテクニックが身につきます。「できました」トレーニングを終えた社員は、お客様にとって替えのきかない存在である「できました」社員に成長するので、お客様から「この人から買いたい」と思ってもらえるようになります。

ポイントの2つ目は、社員の提案力を向上させておくことです。

いくらお客様と良い関係を築いてあっても、正当な理由もなく価格を高くすれば、仕事がなくなってしまいます。スムーズに値上げをするためには、お客様に価格の背景を納得していただくことが必要です。あなたの会社だけが持つ「オリジナルの強み」をお客様にアピールするための充分な提案力を、社員に身につけさせることが大切なのです。

この本でも紹介している「できました」教育の応用となる「わかりません」教育では、お客様の抱えている問題点を深掘りする技術を身につけます。お客様のニーズをつかむことができれば、たとえ同じ商品、サービスでも、何倍もの価値が生まれます。

モノの価値とは、それを受け取る人が「どれだけそれを欲しいと思うか」で決まります。つまり、価値は人それぞれの感じ方によって決まるので、絶対的な基準はありません。ある人にとっては価値がなくても、ある人にはとても価値があるものだったりするのです。古い使用済み切手は、興味のない人にとってはただの紙くずにしか思えませんが、コレクターにとっては何百万円を出しても手に入れたいお宝だったりします。それと同じなのです。

このように、商品、サービスの価値は、相手とシチュエーションによって変わるものなので、値上げのときの値決めや交渉も慎重に行っていく必要があります。粗利を最大化するには、お客様が喜んで買ってくださる金額の上限を見極め、その値段で売らないといけません。

私は、このことをよく、砂漠で水を売ることに例えます。同じ「水」でも、喫茶店でサービスされる水を飲めば０円ですが、コンビニでミネラルウォーターを買えば１２０円。銀座のクラブで頼めば２０００円になります。砂漠で喉が渇き、死にそうになっている人だったら、１００万円を出しても買いたいと思うでしょう。

お客様のニーズを掘り起こすというのは、この砂漠をつくりだすことです。お客様の困りごとを見つけて、「今、あなたがいるのは砂漠ですよ」と気づかせることです。その困りごとの解決方法として「ここに水があるので、ご希望であれば飲めますよ」とご紹介するのが、提案力なのです。

お客様ごとのニーズに合ったものを正しくご提案できれば、価値は何倍にもアップするので、結果として高く売れます。

このように、商品の価値を上げる場合は、商品そのものは変えずに提案力だけで工夫するのが鉄則です。先ほどお伝えしたように、仕入れ値などコストを上げてしまうと、とたんに、儲け（粗利）は減ってしまうからです。

きっちりと儲けを出し、みんながハッピーに働ける元気な会社をつくるには、会社全体が粗利脳ベースの体質に生まれ変わることが前提です。その第一歩として、まずは「できました」を使ったトークで、セールスに有効なコミュニケーション力を育てるというのが、「できました」教育の発想です。「できました」教育は、全ての社員を粗利脳に生まれ変わらせるための特効薬なのです。

お金がない、人が集まらない会社の間違った社員教育

私は、社労士という仕事柄、多くの会社の現状を目にする機会が多いのですが、ほ

とんどの会社の社員教育は、儲けの発想と結びついていません。それは、社長さん自身が粗利主体の発想を持っていないからと、正しい教育の方法を知らないからです。

意外かもしれませんが、日本の社長さんの多くは決算書をほとんど読みません。読まないと言うより読むのが苦手、と言った方がいいかもしれません。決算書を見れば、「多く」売るより「高く」売る方が儲かるというイメージをつかみやすくなるのですが、現実問題として仕事が忙しすぎて、なかなか収支を分析するところまで踏み込む余裕がないのです。

私自身もそうなのですが、中小企業の社長さんは、製造や販売といった実労働をしながら経営をしています。日々の業務には全力を尽くしていますが、「経営」の勉強までたどり着ける社長さんは圧倒的に少ないのが現実です。

社長さんは、日々こなしていかねばならない実務に追われてしまうと、どうしても目先の数字にばかり目が行ってしまいます。収支のバランスといった構造原理ではなく、売上の額面の大きさだけにこだわってしまうのです。今、こういう社長さんは非常に多いです。

実は粗利益だけが、従業員の給料や機械を買う設備投資、諸経費として会社を伸ばすために使えるお金なのですが、その大切さを意識していない社長さんは多く、これが業績不振の原因となることが非常に多いのです。そして、その認識不足のまま経営が続いてしまうと、「売り上げを増やせば何とかなる」という薄利多売の道を進むことになり、ますます経営が苦しくなっていきます。

なぜ社長さんたちに、粗利の発想がなじみにくいかというと、これまでずっと日本は「良いものをより安く」の価値観がいいとされてきたからです。「早い、安い、うまい」や「お値段据え置き」は美徳であり、国是と言ってもいいレベルです。今まで「安ければ安いほどいい」という価値観を信じて疑わなかった社長さんたちに、それを今さら急に「高く売れ」と言われても抵抗感があるのです。

たしかに、高度成長期までは、巨大な生産ラインを用意して、大量の製品を作れば作っただけ売れました。たくさん作ればスケールメリットを活かしてコストを抑えられるので、価格も安く抑えることができたのです。当時はそれが経営の主流でした。

ところが現代は、同じものをたくさん作っても売れません。個人の価値観や嗜好が多様化したせいで、昔のように、「これがブーム！」と流行ったら、みんながみんな同じものを競って買い求めるような時代は終わったのです。その代わり、**少しぐらい値は張ってもいいから、他人とは一味違った個性を出せるもの、自分らしさを感じられるような商品に人気が集まる**ようになりました。

こうなると大量生産は不利です。たくさん作っても売れ残ってしまい、在庫を抱えて赤字になってしまいます。今の時代は、世間の動向を見ながら、多くの種類の商品を少しずつ作って売る「多品種少量生産」がメインになっています。多品種少量生産は手間とコストが掛かるので、以前のような安値で売っていたら会社がつぶれます。
本当は、コストと品質に見合った価格に切り上げなければいけない時期がとっくに来ているのに、日本の多くの社長さんたちは、「値上げ」へのタブー意識が強すぎて踏み切れないのです。

まずは、社長さん自身がちゃんとした粗利の知識を身につけ、次に粗利脳視点の社内教育をきちんと行っていくことができれば、経営状態は元気を取り戻します。

教育の方法も旧態依然の会社がほとんどです。昔は、「習うより慣れろ」で、仕事というのは先輩の背中を見てじっくりと覚えるものでした。しかし今では社会の変化のスピードが早くなり、かつてのようなやり方をしていたのでは、とても間に合いません。たとえ新人でも、いち早く仕事のノウハウを吸収できるような仕組みを取り入れないと、会社自体が世の中に取り残されてしまう時代になりました。

そして、社員の誰かひとりが身につけたスキルは、もったいぶらずにいち早く社内で共有化していかないと、会社同士の生存競争に負けてしまいます。従来型の、黙して語らないやり方や、とにかくガミガミ叱りつける頭ごなしの社員教育では、今の新人は、委縮してしまって仕事が覚えられません。仕事が覚えられないとミスが増えます。ミスが増えると会社が損をします。

今、求められるのは、社員が少しでもスピーディに、少しでも高く、会社に利益を出せる行動を取れるようにする教育です。これが「粗利脳」の発想に基づいた正しい社員教育の姿です。

本書で紹介している「できました」教育は、まさにそういった社員を育成するのにぴったりの方法なのです。

「素直な人」を、まずは採用の基準に

働き方改革や少子化の影響で、中小企業はどこも人手不足に苦しんでいます。特に優秀な人材は喉から手が出るほど欲しいというのが社長さんたちの本音です。

ですが、皆が欲しいと思うような優秀な人は、なかなか中小企業の労働市場には出てきません。経済が先行き不透明なので、今の人たちは将来に対する不安感が強く、若ければ若いほど安定志向になっています。新卒の学生は「寄らば大樹の影」とばかりに大手企業を目指しますし、すでに就職している人は、優秀であるほど転職しようとしません。

そこで、「ウチの会社にもぜひいい社員が欲しい」と思うなら、デキる新卒や経験

者といった王道の採用ではなく「穴場」に目をつけるのが得策です。

穴場とは、あまり一般の人は目をつけないような意外な人材のことです。まずおすすめなのが、業界未経験者です。なぜかというと、有能な経験者はどこでも重宝されるので、今働いている企業が手放さず、なかなか転職市場に出てきません。それを知らずに経験者採用にこだわると、そもそも絶対的な数が少ないので、採用のチャンスが減りますし、せっかく見つけたとしても、実はあまりスキルの高くない人物だったりすることが多々あります。

その場合、たとえ業界未経験であっても、後から成長してくれるようなポテンシャルの高い人を採用した方が良い結果が出ます。入社してもらってから、正しい社員教育を行ってデキる社員に変身させればいいのです。この発想で、わが社も、未経験者を歓迎しています。

採用活動で一番大事なのは「素直さ」を持っている人を採ることです。私の長い経験上、素直さを持っている人は必ず伸びます。素直でさえあれば、現時点でそんなに切れ者ではなくても心配はいりません。

私がイメージする「素直な人」とは、指示通りにすぐ行動できる人のことです。これは性格のことではなく、あくまで行動面での話です。指示を受けたら動き出すということを、パッとやれるか、やれないかということです。

仕事の手順には、その職場で培われたノウハウと理由があります。何ごとも基本が大切ですから、仕事でも、まず基本を真似るのがスタート地点になります。お手本を真似る時にも、素直でなければ、教わったことを受け入れることができません。

素直な人は、自分はまず指示通りに動けばいいと受け止められるので、すぐに仕事に取り掛かることができます。素直な人は、すでに前の人たちが積み上げている成果からスタートするので学びが早いのです。その分仕事が早く終わり、周りからの評価も高まっていきます。

素直さという点からも、採用時には未経験者をおすすめします。未経験者は前の経験と比べてこだわったりすることがないので、指導を素直に受け入れやすいです。

新人のうちは、まずは素直に真似てみて、次のことは結果が出たら考えればいいのです。基本を覚え、応用できる段階になった人は、自分で考えて行動することができるようになっていきます。

ここでいう「素直さ」とは、ブラック企業が社員にやみくもな服従を求めるような発想とは本質的にまったく異なります。いずれは、自分の頭で考えて行動ができるようになるために、まずは基本手順を素直に学んで繰り返してください、というのが、ここで求められている「素直さ」です。そして、それができるようになったら、創意工夫をしながら、自分ひとりで仕事ができるようになる。それが最終的なゴールです。

辞めてもいい社員の条件はたった一つ、素直でない社員

私は、辞めてもいい社員の条件は、たった一つだと思っています。それは、「素直でない社員」です。

素直な人は遅かれ早かれ仕事ができるようになります。しかし素直でない人はいつまで経っても、できるようになりません。素直でない人は、指示を受けても、「本当にこのやり方でいいの？」「これは自分がやるべきこと？」などと、余計な事を考えて、仕事に取り掛かろうとしません。これでは仕事の基礎も覚えられないのです。

上司が具体的な指示を出しても、初めての仕事だったらうまくできないこともあるはずです。その時、**素直でない社員は「できません」と報告に来ません。**素直に、「できなかったのでもう一度教えてください」と言えないので、自己流に

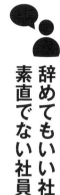

変えてしまうのです。勝手にやり始めて、1時間ぐらいしてから「僕なりの方法でやってみました」とトンチンカンな結果を出してくることが多いのです。

そうするとこの1時間が完全な無駄になって、すべてが振り出しに戻ります。仕事はできあがっていませんし、間違ったやり方を直して、もう一度教え直して、今度はちゃんとやるかどうかを見張っていなくてはならなくなり……、と、上司からすると二度手間以上の時間が掛かってしまいます。

こういうタイプの人は、できなかった言い訳もセットでついてくるので、その言い訳にも対応しなければなりません。なんだかんだと、素直にやってくる人の5倍ぐらいの時間と手間が掛かり、最悪の場合、納期に間に合わなくなったりします。

逆に、**素直な社員ができなかった時はすぐに「できません」「ここがわかりません」と報告に来るので修正が早いのです。**修正して正しいやり方を身につければ、どんどん次のステップに進んでいくことができます。

こうした差が毎日積み重なっていくと、素直な社員なら1日で仕上げられるような仕事も、そうでない社員は1週間経っても終えることができずにいます。これぐらいのパフォーマンスの差はすぐに出てしまうのです。

素直でない社員は、言われたことを素直にやることもできませんし、疑問点も素直に上司に聞けません。失敗しても、素直に上司に報告して修正のチャンスを得ることもできません。素直でない人は退職率も高いです。まず上司が求めているのは、言われた通りにすぐ行動することだけなのですが、それを実行したくないタイプの人には、「どうしたらできるようになるの？」「どうしてすぐ行動できないの？」と解決法を求められる環境は居心地が悪いのです。こういう人は、自分で勝手に状況を悪化させ、職場に居づらくなって辞めていってしまいます。

「素直な人」を「デキる人」に変えるのが
これからの採用スタイル

今の時点で、優秀な社員は採れなくても、このような視点で人を見れば、**入社してから仕事ができるようになる社員は採用することができます。**それには、とにかく素直な人を採用することです。

素直な人は学んだことをぐんぐん吸収できますから、入社後にきちんとした教育を行うことで、どこの会社にも負けない優秀な社員に育てることができるのです。

では、どうしたら素直な人を採用することができるでしょうか。ここで、「素直な人」を一発で見抜く方法をお教えしましょう。

それは面接の場で、志望者に何か作業を指示し、それを実際にやってもらうことです。作業自体はなんでもいいのですが、多少は相手に心理的な負荷が掛かることの方が、結果がわかりやすくていいと思います。

わが社の一部門で実際に行っているのは、最終面接に残った応募者に、謝罪の練習に付き合ってもらうことです。

「ウチの会社では、仕事でお客様に謝ることがあります。社員はその練習として、自分の謝っているところを撮影して見返したりします。今から謝り方のコツを教えるので、私が撮影していいですか?」と聞いてみます。

これを受けて、すぐさま「ハイ!」と応え、カメラの前で「申し訳ございませんでした」と頭を下げられる人は、素直な人です。

逆に、「え、ちょっとそれは……」と抵抗する人は素直ではありません。

この方法で、志望者が素直かどうかは、すぐに見抜くことができます。

こうして、無事に素直な社員が採用できれば、あとは「できました」教育の出番です。「できました」教育はたった1分で完了します。部下の業務報告を、最後は「できました」の言葉で締めるようにするだけだからです。

たったこれだけですが、「できました」教育は、粗利脳の発想から生まれているので、「できました」と言い続けていくだけで、社員の発想や行動が、儲かる会社づくりに適した方向に大きく変わるのです。

コラム

「先輩力」が育ち、新人の採用も視野に入れられるように

■EAZY株式会社（設備設計、機械設計業）

創業2年目で、社長以外には若い社員が1名だけという小さい会社であることと、ほとんどの業務がパソコン上のみで完結してしまうため、社員がコミュニケーション力を伸ばす機会がないというのが悩みでした。

「できました」教育の研修を通じて、社員は正しい報告のコツを理解できるようになり、社長とのコミュニケーションがスムーズになったそうです。

仕事の進捗を社内で共有しやすくなったことで納期遅れなどのミスがなくなり、自信も生まれました。その結果、主体性を持って仕事に取り組めるようになり、若い社員のプライベートでも交友関係が広がったなど、良い影響が出てきたそうです。

社長からは、「社員が自発的に『できました』と報告してくれるので、自分も自然に感謝を伝えられるようになった」という感想をいただきました。

今の社員に、後輩を指導できるコミュニケーション力が備わってきたことで、今後は社員を増やすことも視野に入れているとのことでした。

第2章

社員がぐんぐん育つ「できました」の魔法

「できました」教育がもたらす成長スパイラル

「できました」教育の基本となるのは、部下が「できました」と報告したら、上司は「ありがとう」と答えるという一対の会話です。わが社では、新人時代は、指示された仕事が終わったら「〇〇することができました」という決められた言い方で報告を行うよう徹底的に指導します。

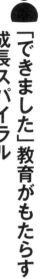

「たったそれだけ?」と拍子抜けするようなシンプルさですが、そのシンプルさに成功の秘密があります。**このトレーニングには、人間の基本的な欲求である「承認欲求」の仕組みが最大に活かされているからです。**

「承認欲求」とは、もともと心理学で使われてきた言葉で、マズローというアメリカの心理学者が提唱している考え方です。**「マズローの欲求5段階説」**という言葉で知られているので、彼の名前やこの考え方を耳にされたことがある人もいるかもしれません。

承認欲求とは、簡単に言うと「自分の存在を認められたい」と願う気持ちのことです。他人から褒められたい、名誉が欲しい、自分自身を認めて自信を持ちたい、という気持ちも承認欲求です。

この承認欲求が満たされると、自分は世の中に存在している価値がある、と思えるようになり、精神が安定します。自分に自信がなかった人は自信を持てるようになります。つまり、**承認欲求はいわゆる「やる気」のもとになりやすいのです。**

この基本的な心の動きを、仕事でのモチベーションに活用したのが「できました」教育です。

部下の行う報告をこの「できました」スタイルにすると、上司に報告するためには、まず部下本人が、仕事上で自分ができたところを見つけるようになります。そして、それを報告すれば、上司からも「ありがとう」と褒められるので、まずは自分の内側で「できた」という感覚が自覚でき、さらに上司から褒められることで、内側と外側の両方から有能感が育つわけです。

「できました」「ありがとう」はシンプルな言葉なのに、コツをつかんでトレーニングをしていくだけで、**最終的には自分で考え、行動し、高い収益を上げるような優秀な社員が育ちます。**

「できました」社員が育つと社長業がラクになる

私は仕事をするうえで、「ラク」という言葉をとても大事にしています。「ラク」と聞くと、「さぼる」とか「なまける」といったニュアンスを感じる人もいるかもしれませんが、私の中での「ラク」とは、「効率的、効果的、ストレスフリー」といった意味で、良いことづくめの前向きな言葉なのです。

今までご説明してきたこの「できました」教育を社内で徹底的に実践するだけで、社長は驚くほどたくさんの「ラク」を手に入れることができます。そして「ラク」をして増えた時間を、例えば、今までできていなかった自社の発展のための展開を考える時間に充てることもできるのです。

以下に、「できました」教育で得られる社長の「ラク」をご紹介していきます。

【ラク１】報告を聞くのが「ラク」になる

報告を「できました」に変えると、結論が一番最初に来るので、たいていの報告が１分で完了します。忙しい上司も部下の報告を短時間で受けることができるようになります。

【ラク2】部下のミスが減るので社員教育が「ラク」になる

「できました」という報告は、「○○することができました」という定型文を使って簡潔に報告するのが特徴です。部下は、仕事を少し進めるたびに小刻みに報告することになるので、何か間違いがあっても早めに軌道修正ができます。これによってミスを未然に防ぐことができ、上司はミスをフォローする手間がなくなります。

【ラク3】部下の成長が早まるので「ラク」になる

1分で終わる「できました」という報告によって、上司は、部下のできたこと、できなかったことを短期間で把握することができます。部下の状況に応じて充分なフィードバックが行えるので、部下の成長のスピードが早まります。

【ラク4】部下の主体性が育つので「ラク」になる

「できました」と報告することで、部下は上司の「ありがとう」を引き出すことができます。上司から指示を受けているようでいて、実は部下が場をリードしています。部下は、この経験を積み重ねることで、主体性を持って行動する姿勢が身につきます。

【ラク5】営業力を育てるのが「ラク」になる

「できました」の報告はコミュニケーションを活性化し、人間関係を良好なものにします。どんなビジネスでも、入り口はまず良好な人間関係を築くことから始まるので、営業のためのスキルも身につきます。

【ラク6】褒めることが「ラク」になる

日本人は、部下を褒めるのが苦手な人が多いようです。ですが、部下の方から「できました」と報告してくれれば、上司は自然と「ありがとう」と答えることができるので、ラクに部下の承認欲求を満たすことができます。承認欲求を満たされた部下は、自分に自信が持てるようになるので、成長のスピードが早まります。結果として上司はさらにラクができるようになります。

【ラク7】社風改善が「ラク」になる

「できました」「ありがとう」が行き交う社内に、ぎすぎすとした空気はありません。「できました」教育を取り入れるだけで、社内の雰囲気が良くなります。

【ラク8】人員確保が「ラク」になる

「できました」教育が行き渡ると、社員が粗利脳を持つようになり、儲けられる会社になります。会社が儲かるとホワイト企業化するので、社員は辞めなくなります。ホワイト企業には、求人をするといい人が集まるので、人員確保がラクになります。

さらに、「おまけのラク」として、**部下本人が「ラク」になる**というメリットもあります。「できました」の報告は、自分ができたところを見つける練習になるので、自分や他人のプラスの面を見つける癖が自然にできるようになります。これを続けていくと、生き方そのものが前向きになり、幸せに生きるコツがラクに身につくのです。

「できました」教育がリーダーシップを育てる

このように**「できました」教育が社内で実行されるようになると、社員にはリーダーシップが備わり始めます。**リーダーシップとは、「目標を掲げて達成のため周囲に働きかけて協力を集める力のこと」です。ですから、この力は、上司、部下といった立場を問わず、社員全員が身につけることが望ましいのです。

「できました」教育では、最初の仕事の指示を出すのが上司なので、上司が場をリードしているように思うかもしれませんが、実は部下の側が自分のペースで「できました」と報告し、黙ることで上司の「ありがとう」を引き出しています。部下が主体となって場の流れをつくり、上司に「褒めさせて」いるのです。

例えば、

部下「××課長、**○○することができました**」
上司「**ありがとう**」
部下「××課長の指示がわかりやすかったおかげで早く終わらせることができました」

というふうに、「できました」と報告することで、部下は、自分の声掛けをきっかけに上司の反応を引き出せることがわかります。「自らアクションを取ることで、良い人間関係を構築することができた」という成功体験が蓄積されていくのです。

主体性というのは、「自分の頭で考えて、状況に合った最適解を見つけ、行動すること」ですが、「できました」報告を通じて人間関係をつくりあげる力を身につけた部下は、自信を持って主体性ある行動を取れるようになってきます。

こうして部下には徐々にリーダーシップが育っていきます。ここまで部下が成長してくれれば、**上司は場のリードを部下に「お任せ」できるようになるのでラクになります。**

その第一歩は「できました」報告から始まるのです。

「できました」教育が提案力も育てる

会社の最終的な目標は粗利を増やすことであるというお話を第1章でしましたが、

この**「できました」教育でリーダーシップを身につけた社員は、最終的に、社外に向**

けての営業が上手になります。そして粗利を上げてくれるようになるのです。

なぜなら、リーダーシップを獲得すると、お客様との商談もこちらのペースで進めることができるようになるからです。場をリードすることで、お客様の持っている潜在的なニーズを掘り起こし、自分のペースで新商品の提案まで流れをつくっていくことができるようになるのです。そして、このことは別に営業担当の人に限った話ではありません。

「できました」社員は自分から相手に会話を仕掛けることが癖になっています。「できました」と報告したあと沈黙することで、相手が話し出したくなるような空気をつくりあげたり、相手の「ありがとう」という返事に対して、「おかげさまで」「助かります」と畳みかけることで、相手と良い人間関係を築き上げるスキルが身についています。これが、お客様に新しく提案をする時に必要な下地となるのです。

商談の場で、例え内容は同じ提案でも、信頼している人に言われるのと、信頼していない人に言われるのとでは、その提案に対する受け入れ方も違ってきます。

提案する側としては、商談をスムーズに進めるために、まずは相手との関係性を良くしておくことが非常に大事なのです。

この「できました」教育ができるようになると、どうして粗利がアップするのか、詳しいご説明は第3章以降でもしていきますが、「できました」教育のメソッドで、相手との信頼関係を構築しておくこと、さらには、トークでお客様のニーズの掘り起こしをしていくことが粗利アップにつながっていきます。

この掘り起こしのトークとは、「例えば？」「具体的には？」といった、お客様の潜在的なニーズを具体的に掘り起こしていく会話です。

ビジネスとは、お客様の悩みを発見し、解決して、望みを実現することなので、このように細かく質問していくことで、お客様のニーズが具体的に見えるようになっていきます。

「できました」教育を受けた社員は、しっかりお客様のニーズを見つけることができるようになっています。ですから、提案の時も、お客様が充分満足できて、自社の粗利もできるだけ最大化するという、全員がハッピーになれる提案ができるのです。

頼りなかった社員も やる気あふれる「できました」社員に

「できました」教育が社員を変身させたわが社の実例をご紹介します。新人で、入社当初は頼りないオーラを放っていた女性社員がいました。

非常にまじめな性格なので、頼んだ仕事は素早くキチンと仕上げてくるのです。それでも「本当にこれでいいんでしょうか」「私にはできそうもなくて不安です」といつも暗い顔をしていました。彼女は能力があるのに、とにかくオドオドとして自信がないのです。謙虚や控えめを通り越して、ムダに自信がない状態でした。

今、こういう社員は本当に多いです。今の若者は、ＳＮＳが発達して内輪だけの人間関係に慣れてきたせいで、新しい人間関係の中に入るとどうふるまっていいかわからないのです。

特に慣れない環境だと、他人と自分を見比べてむやみに自信をなくしてしまいます。たった半年ぐらい先の先輩でも、手が届かないぐらいできる社員に見えてしまうようです。そして、それに比べて自分はダメだと思い込んで、ますます自信をなくしてしまうのです。そういう社員はみんな後ろ向きで、仕事ができなさそうな雰囲気を醸し出してしまっています。これではお客様の信用も得られません。

ですが、彼女が良かった点は、言われたことはとにかくすぐ実行するという素直さを持っていたことです。私が社員に一番に求めることは素直さですから、採用の時点でその点はきちんとクリアしていました。

最初は、何をやらせても不安そうでしたが、「できました」教育を導入し、報告の形を「できました」スタイルに変えることで、徐々に変わっていきました。

彼女に限らず、ほとんどの人は正しく報告するスキルを持っていません。よく一般的な社員研修では「〝ほうれんそう（報告・連絡・相談）〟が大事である」と強調しますが、その具体的なやり方までは教えないことがほとんどなので、せっかく研修を受けても、いざ実際の仕事となると、どのタイミングで何を報告すればいいかわかりません。

すると、どう「ほうれんそう」をすればいいかわからないままに貴重な新人期間が過ぎ去り、正しい報告スキルを身につけることができないまま、成長のチャンスを逃してしまいます。

そこで、**社員教育に「できました」教育を取り入れると、ビジネスの基本として一**

番大事な「報告」を癖づけさせることができるのです。「できました」スタイルだと、報告は1分で済むので、2〜3週間程度で正しく報告ができるようになります。多少習得に時間が掛かる人でも、４週間あればできるようになります。

さて話をわが社の新人に戻しますと、「できました」トレーニングを通じて、報告スキルを身につけた彼女は、日常の中でスムーズに、仕事の進捗を報告できるようになりました。

とにかく、こまめに上司に「できました」と報告し、そのたびに「ありがとう」「よく頑張ったね」と認められ続けていくうちに、自分自身にも自信が育ってきたようです。

声がお腹から出るようになり、顔つきも明るくなって、態度にも落ち着きが出てきました。報告を続けて成功体験を重ねていくうちに、積極的に仕事を取りにいくようになるなど、仕事ぶりにも自信がうかがえるようになってきました。

また、上司から頻繁に「ありがとう」と認められているのを目にすると、周りの評価も「あの子、よくやっているな」「実は優秀なんだな」と、ポジティブに変わってきます。良いサイクルが回り出すのです。

営業部の社員も自ら問題解決ができるように

次に、営業職での成功事例をご紹介します。

営業部に配属されていたひとりの男性社員も、とにかく自信が不足している状態でした。営業成績はそこまで悪くはなかったのですが、積極性が見えにくかったのです。

しかし、彼も「できました」教育を行ったことで、セールス上の課題も自分で解決できるようになり、今では営業部のエースのひとりとして活躍してくれています。

できない社員がデキる社員に変わっていくのは、「できました」教育で人間同士の「掛け合い」のスキルが身につくからです。

特に、彼は「できました」「ありがとう」のやりとりを通じて、人との会話の掛け合いの呼吸を身につけることで、営業の業務でも、次第に、お客様のニーズを引き出すセールストークのコツを身につけていくことができました。

つまり、お客様に対しては、「できました」の代わりに「今、御社はどんな感じですか？」「最近何か困っていることはありませんか？」と声を掛けられるようになっていったのです。こういう問い掛けができるようになると、お客様は現在の状況をお話してくださいます。すると、そこからセールスに有益な会話を広げていくことができます。

自信がなかった時の彼は、お客様の会社に営業に行っても、セールスの糸口を見つけることができず、口ごもってしまっていました。かと思えば、会話が弾まずに焦ってしまい、なんとか場を盛り上げようと見当違いの事を一方的にしゃべってしまったあげく、先輩に注意されて落ち込んで帰ってくることもありました。

それが、掛け合いのコツを身につけ、お客様の口からどんどんお話を引き出せるようになると、見違えるように成績が上がっていきました。

10年掛けても変わらなかった社員が1分で変化！

3つ目は、ベテラン社員の例です。

彼は入社して10年ほど経っているので、そろそろ中堅として次のステップに進んでほしいと私は考えていました。ですが彼の仕事ぶりはどうも今ひとつピリッとしないのです。勤務態度もまじめだし、やる気もあるのですが、空回りしてしまっている印象です。

上司に叱られることも多く、本人もすっかり自信を失ってしまっている状態でした。その姿を見ているので、今ひとつ周囲もついてきません。

「やる気もあるのにどうしてだろう？」と観察していたところ、理由がわかりました。彼は「話が長い人」の典型だったのです。上司に報告をする時も、ことの発端から時系列で全部話してしまいます。本筋に関係ないささいなことまで入れてダラダラと話すので、何を言っているのかの結論が見えない。

上司の方でも、「もっと話の要点をまとめて簡潔に」「結論から報告しなさい」と、繰り返し指導はしていたのですが、そのまとめ方がわからないので成長のしようがなかったのです。

何度言っても変わらないので、上司もイライラしてきます。毎回毎回、報告に来るたびに、「何を言いたいのかよくわからないから、もう少しまとめようか」ということを指導していたわけですから、ストレスもたまります。

本人も上司のイライラはもちろん感じていますし、報告に行けば叱られる。仕事に悩んでも相談に行く勇気もなくなる。元気はなくなりますし、話をすること自体に苦手意識を持ってオドオドしてしまうので、ますますうまく説明できなくなる。

そういう状況が続いてすっかり負のループに陥ってしまっていました。そのうちに、「自分は何をやってもダメなんだ」と自信を失ってしまったのです。


それが、「できました」教育を行っただけで、彼はガラッと変わったのです。とにかく彼には、報告の際にはまず「〇〇することができました」から始めることを徹底して繰り返してもらいました。

そして、**どんな時でも「〇〇することができました」から始めるという、報告のコツをつかんだ彼は、最終的に、要点を押さえた簡潔な報告ができるようになり、上司に怒られることが減ってきました。**それが彼の中では大きかったようです。

目には輝きが出て仕事ぶりもイキイキしてきました。自信がついたことから、後輩に対する態度にも余裕が出てきて、私が当初期待していた中堅としてのリーダーシップも徐々に発揮してくれるようになりました。

彼のような場合、本人は自分の頭の中では報告すべきことも理解しているのですが、口に出して報告する段になるとうまく表現ができないのです。報告のコツがわかっていないというだけで、結果としてデキない社員になってしまっているとは本当にもったいない話です。それが、たった1分の「できました」報告でガラッと変わるのです。

このように「できました」というたった一言が、大きな前進の第一歩になるのです。こうして、わが社の頼りなかった社員たちも、今では「できました」社員に変身し、やる気を持って自主的に行動できるようになっています。

「独り立ちサイクル」を進める4ステップ

このように、新入社員や経験のない中途社員が入ってきた時、まず仕事がひとりでできるように育てるのが、この「できました」教育の目的です。

じつは人間が仕事を習得する上で、初心者の段階から独り立ちできるまでに成長するには、ある決まった道筋があります。

私はこの道筋のことを**「独り立ちサイクル」**と呼んでいます。なぜ「サイクル」かというと、ひとつの仕事で独り立ちできたあとも、新しい仕事に取り組むときは初心者の段階に戻るので、学びのサイクルを何度も繰り返す必要があるからです。

そのサイクルの中での成長段階を、私は４つのステップに分けて考えました。そのステップは以下の通りです。

「独り立ちサイクル」の4STEP

【STEP1】初心者
【STEP2】チャレンジャー
【STEP3】プレ達人
【STEP4】達人

いったん【ＳＴＥＰ４】の達人まで到達した人も、新しい仕事に取り組む際は、また【ＳＴＥＰ１】の初心者に戻って始めるので、この４つのステップは「独り立ちサイクル」として循環します。

ここでは、それぞれのステップの特徴と、最適な指導方法を紹介していきます。

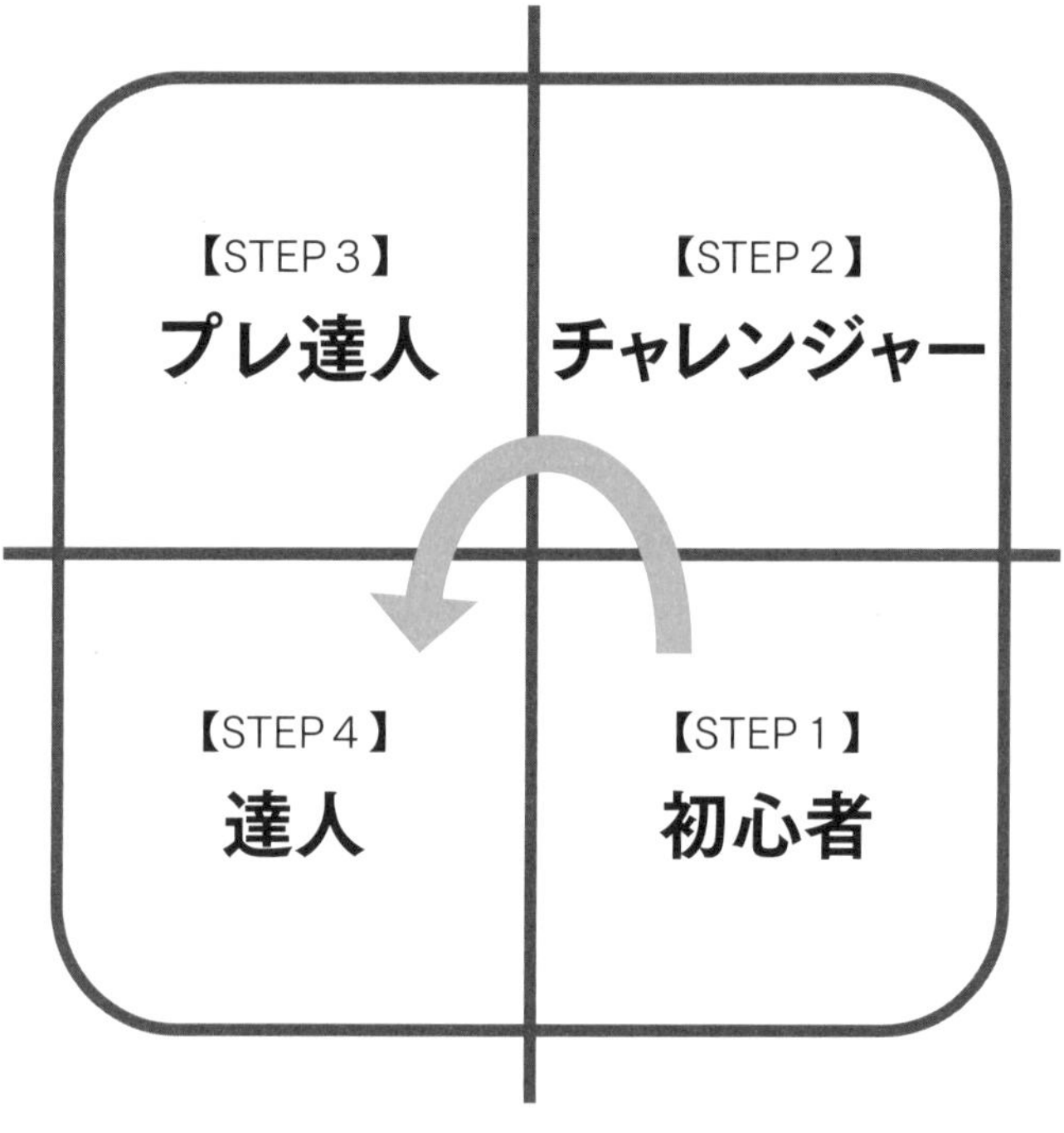
【STEP３】
プレ達人
【STEP２】
チャレンジャー
【STEP４】
達人
【STEP１】
初心者

【STEP1】初心者

これから習熟する仕事について、まったく経験のない状態です。主にこの層が本書で紹介する「できました」教育の対象者となります。このステップは、まず仕事の基本的な手順を覚える段階であり、教わったことを素直に真似ることが求められます。

ここで上司が行うことは、

・仕事内容を「教える」
・教えた内容を確認するために「質問する」

の2点です。

上司は、部下にまず仕事の内容を説明し、そのあとすぐに、たった今教えた内容について質問します。部下に質問する時のフレーズは「今、なんて教えたかな？」です。

部下は、教わった内容を復唱することで、知識が定着しますし、もし部下が正しく答えられなかったら、指示の内容を理解していないということですので、上司はもう1回教えて同じ質問を繰り返します。

具体的なトークはこんな感じです。

上司「これからやり方を教えるので、エクセルで売り上げ達成表を作ってください。タテにチーム全員の名前を入れて、ヨコは売り上げ件数にしてください。作業が終わったら『できました』と報告してね。はい、**今、なんて教えたかな?**」

部下「今教えていただいたのは……(以下続く)」

このように、部下に仕事を教える時のコツは、「今、なんて教えたかな?」と質問した時に、部下がパッと返事できる量しか教えないことです。容量オーバーにならないよう、少しずつ教え、少しずつ答えさせましょう。

仮に部下のやり方が間違っていた場合も、その方が軌道修正の労力が少なくて済みます。

昔は、「習うより慣れろ」「背中を見て覚えろ」というやり方で仕事を教える会社が多かったのですが、今の時代にそんなことをしていると、若者はみんな自信をなくして辞めてしまいます。

入社して3年以内に、社員数が5人未満の会社の新卒入社社員は6割が辞め、50人未満の会社では5割が辞めるというデータが出ています。

社員の定着率が上がらないというのも多くの社長さんから聞く悩みですが、きちんと仕事ができるように教えてあげれば、社員は落ちこぼれなくなるので辞めなくなるのです。

部下の側からすると、この方法は、まず仕事のやり方を教えてもらうことができ、次に確認させてもらえるという点が優れています。

特に新人のうちは遠慮や見栄もあり、なかなかわからないことはわからないと言えないものです。わからないままにしていると、どこでつまずいたかもわからなくなって、気づけば落ちこぼれになってしまいます。ですが、いったんきちんと教えて、すぐに「今、なんて教えたかな？」と質問するだけで、部下の仕事の理解が深まり、仕事の達成度自体が変わります。

【初心者のまとめ】

共通フレーズ

「終わったら『できました』と報告してね」

キーフレーズ

「今、なんて教えたかな？」

上司が行うこと：教えて、質問する

部下が行うこと：手順を真似て覚える

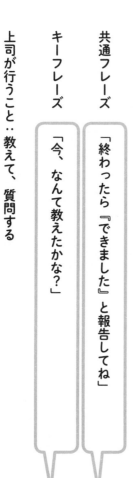

【STEP2】 チャレンジャー

【ＳＴＥＰ２】は、実際の仕事にチャレンジしていく段階です。

【ＳＴＥＰ１】の初心者では、「教わった通り素直に真似て、手順を覚える」ことが課題でしたが、【ＳＴＥＰ２】のチャレンジャーからは実際に業務に入っていくので、仕事の難しさも加わります。

時には壁にぶつかることも出てくるので、上司は、部下がスランプに陥りそうな時は、褒めて励ますことが必要になります。

ここで上司が行うことは、

- 仕事のコツを「教える」
- 自信を育てるために「褒める」

の２点です。

褒める時のフレーズは「○○ができてすごいね」となります。

このステップでは、上司は作業のコツを教えましょう。【ＳＴＥＰ１】で作業手順は教えてあるので、次は作業を「さらに早く」「さらにミスなく」行うためのポイントを教えるのです。

コツを理解するためには、本人が実際に仕事を体験してからの方が、効果が高まります。ですので、あえて【ＳＴＥＰ１】初心者の段階で教える「手順」とはタイミングをずらし、【ＳＴＥＰ２】チャレンジャーの段階に入ってから教えます。

コツを効果的に理解させるためには、部下本人が自分の力でコツに気づくという流れにしていきます。

例えば、本人がある作業を上手に進めることができた場合、上司は「その仕事はどうしてうまくいったの？」

「もっとうまくいくにはどうしたらいい？」
「それができるようになると、どういうメリットがある？」
と考えさせます。

このように、本人が答えを見つけるようにリードすると、応用も利くようになりますし、自信もつくので次のステップへ向かうスピードが早まります。

コツをつかみ、仕事を正しく進めることができたら、今度は、上司がしっかり褒めて承認しましょう。

褒める時のフレーズは「○○ができてすごいね」です。

ここでのポイントは、「○○が」と、できた作業を具体的に切り出して褒めることです。全体ができてなくても、できた部分に注目しましょう。

できているところをピンポイントで褒めることで、部下は自分ができたところ、できていないところを明確に把握できますし、上司が自分のことをしっかり見ていてくれるという安心感にもつながるのです。「最近しっかりやっているね」といった漠然とした褒め方では、部下は自分のどこが良かったのか理解できないので、必ず「○○が」と具体的な作業内容に言及しましょう。

【チャレンジャーのまとめ】

共通フレーズ　「終わったら『できました』と報告してね」

キーフレーズ　「○○ができてすごいね」

上司が行うこと：教えて、褒める

部下が行うこと：コツをつかむ

【STEP3】 プレ達人

手順も覚え、コツもつかんで部下も徐々に成長してきました。いよいよ、達人の一歩手前となる「プレ達人」へのステップです。まだ教わることはありますが、徐々に仕事を任せられ始める段階です。

ここで上司が行うことは、

・勇気づけるために「褒める」
・期待感を出して仕事を「任せる」

の２点です。

褒める時のフレーズは「○○ができてさすが」、任せる時のフレーズは「○○さんだから頼むよ」となります。

【STEP1】と【STEP2】では、部下は教わった通りにこなすことがメインでしたが、このステップからは自分で考えることが求められます。自分で考え、結果に責任を持つ段階に入ります。

この段階では、まだ部下を褒めて自信を保てるようにすることが必要です。褒める時には、「○○ができてさすがだね」と伝えましょう。「さすが」という言葉を使うことで、すでに上司は本人の力を認めていると伝えることできます。

褒めることで勇気づけたら、次は仕事を任せていきましょう。「任せる」とは、「責任を持たせ考えさせる」ということです。今までは上司がやり方や取るべき道を決めてきましたが、このステップからは部下本人が自分で状況判断できるように指導していきます。

指導のコツは、部下に期待していることをきちんと伝えることです。「○○君だったらきっとできると思うよ」と、本人の実績や力量を評価していることを伝えて、自信をつけさせた上で、一段上の内容の仕事を「任せる」という流れです。
褒めることで勇気づけ、「君ならできる」「君だから頼むよ」と背中を押してあげましょう。

【プレ達人のまとめ】

共通フレーズ　「終わったら『できました』と報告してね」

キーフレーズ　「○○ができてさすが」「○○さんだから頼むよ」

上司が行うこと：褒めて、任せる

部下が行うこと：自分で考え、状況判断をする

【STEP4】 達人

ついに「独り立ちサイクル」の最終段階、「達人」のステップまできました。

ここまで成長してきた部下は、すでに仕事の手順とコツを把握し、自分で状況判断ができるようになっています。細かい指示を受ける必要もなくなり、自己決定して業務を進め、成果も自分で把握していますので、誰かに褒められることをモチベーションにしなくても、仕事そのものから充足を得ることができています。

この段階の社員は、自他ともに「仕事ができて当然」と認識されているレベルなので、自己有能感も充分に育っており、上司の承認や褒め言葉は必要なくなります。「達人」とは、仕事ができることはもちろん、自分で自分を褒められる状態を指すのです。

ここまでくれば、もう上司はほとんどすることはありません。この段階が部下の

「独り立ちサイクル」の完成であり、上司からしても究極的にラクな状態となります。細かい指導や褒め言葉も必要なくなり、上司は要所要所でだけ報告を受ければいい状態になります。

【達人のまとめ】

共通フレーズ　「終わったら『できました』と報告してね」

キーフレーズ　なし（上司がコメントする必要がなくなる）

上司が行うこと：ポイントでだけ報告を受ける

部下が行うこと：自分で仕事を進め、自分で褒める

以上が「独り立ちサイクル」の４ステップです。

部下が初心者のうちは、細かい指示と報告が必要ですが、成長が進むに従い、指示や報告は大まかなものにしていきます。

部下が1から４までのどのステップにいるのかさえ把握しておけば、「初心者」に対して指導量が不足したり、逆に「達人」に口を出し過ぎたりというすれ違いもなくなります。

部下の側からすると、段階が進むに従って徐々に仕事を任せられるようになり、自己裁量の範囲も広がっていくので自身の成長も感じられ、やりがいも大きくなります。

独り立ちサイクルを有効に活かして、上司も部下も効率的に成果を上げましょう。

コラム

プレイングマネージャーにリーダーシップが育った

■株式会社インプルーブ（パーソナルトレーニングジム）

人材研修に参加してくれたのは、トレーニングジムで、所属するトレーナーたちを取りまとめているリーダー層の社員です。リーダーを務めつつ自分でもジムの会員に指導を行うので、いわゆる「プレイングマネージャー」の立場になります。

トレーナーの仕事は、ジムの会員と1対1が基本になるので、どうしても個人のスキルを伸ばすことに関心が向きやすく、リーダーシップが育ちにくいというのがこの会社の悩みでした。

そこで研修では「リーダーシップとは、目標達成のために周囲に働きかけて、協力を結集する能力である」という理解と、具体的な指導方法を学んでもらいました。

研修を受けて、チームメンバーを育てることが自分の目的の達成にもつながることを理解した参加者は、その後、意欲的に新人の育成に取り組むようになりました。

今では、「リーダーが積極的に良い環境をつくってくれるおかげで、働きやすい職場になった」という声が社内からあがっているそうです。

第3章

1分でできる「できました」教育

「できました」トレーニングの基本の流れ

この章では、第2章でお話した「できました」教育の具体的な方法についてご説明していきます。「できました」教育は、非常に効果の高い手法ですが、やり方そのものは、とてもシンプルです。

1. 上司が作業の指示を行う。
2. 部下は作業を終えたら「できました」と報告する。
3. 部下は報告したら「沈黙」して上司の回答を待つ。
4. 上司は「ありがとう」と受け、作業内容をチェックする。

「できました」教育の中で一番重要なポイントは、2.の「『できました』と報告する」と3．の「『沈黙』して上司の回答を待つ」という部分です。

この2点をしっかりとおさえることで、効率的に「できました」社員に変身できるのです。以下でその理由を詳しく説明していきます。

2．部下は作業を終えたら「できました」と報告する。

報告の形式は、必ず**「○○することができました」と○○の作業内容を名詞化するのが鉄則**です。例えば、「報告書に記入する」という作業の場合は、「報告書を書くことができました」となります。

コツは、動詞を名詞化して、その後に「できました」で締めることです。例えば、「書く（動詞）」は、「記入、書くこと（名詞に変更）」＋「できました」です。つまり「記入ができました」、または「書くことができました」となります。

・正しいフレーズ：「報告書に記入ができました」「報告書を書くことができました」　→名詞化されている

・NGのフレーズ：「報告書に書けました」　↓動詞のまま

「○○することができました」と名詞の形にするのは、まず作業内容を明確にするためです。この形式にすると、部下自身も、報告を受けた上司も、話の内容が把握しやすくなります。

次に、「できたこと」の報告が手短で正確になるので、「ありがとう」と言われやすくなり、会話のキャッチボールもできるようになります。

最後に、この形式では、自然と結論から話すことになるので、要点を整理して簡潔に話す能力が身につきます。普段から「話が長い」「話が要領を得ない」と叱られている社員も、短く、解りやすく報告できるようになります。

参考として正しいフレーズをいくつか挙げますので、感覚をつかんでみてください。

「相談することができました」
「チェックすることができました」
「お客様に連絡ができました」

3．部下は報告したら「沈黙」して上司の回答を待つ。

上司に報告したら、いったん沈黙を入れるのが次のポイントです。ここもとても重要です。

「○○することができました」と報告したあとは、必ず沈黙して間を空けます。この間を取ることには、沈黙することで、相手の言葉を引き出すという狙いがあります。

報告してから、黙ると、上司は自然に「ありがとう」と言ってしまいます。これがミソです。「○○することができました」と言って、黙るだけで自然に褒められてしまうのです。人は、「できました」と言われると、「よくやったね」とか「頑張ったね」と褒める習性があるわけです。それを利用して、プラスのコミュニケーションを引き出すのが、この「できました」教育です。

「できました」教育の目的のひとつには、できるだけ部下を褒めて自信をつけさせるというものもありますから、上司が褒めやすい環境を人為的につくるのです。

「沈黙」を味方にすれば、場をリードできる

実は、この「沈黙」は非常に大きな力を持っています。沈黙をコントロールすることで、相手の考えや言葉を引き出すことができるので、場をリードすることにもつながります。

「できました」教育では、部下が、上司からの「ありがとう」や褒め言葉を引き出すために沈黙しますが、**応用編として、上司が部下を指導する場合、あるいはお客様にセールスをする際にも「沈黙」は力を発揮します。**

上司が部下を指導する際には、上司の方が、例えば「何ができないの?」「どこができなかったの?」などと質問して黙ります。上司が黙ると、部下はそれに答えなくてはいけませんから、一所懸命、答えを考えます。これが、自らの頭で考えて答えを

導きだす訓練になります。

部下のミスなどを指摘して注意したり叱ったりしたい場合も、沈黙を使えばたった1分間で完了します。

基本はやはり「伝えて、黙る」です。

まずは最初の15秒から20秒ぐらいで「◎◎は■■にした方が良かったよね」「△△さんの請求書は昨日までに処理をしておいてと言ってあったよね」などと指摘したり注意したいことの内容を伝えます。そして10秒ぐらい黙ります。

キツイ言葉を使わなくても、これだけで充分効果は出ます。黙っている間、相手は、その沈黙が一生続くかもしれないとプレッシャーを感じるので、なまじ声を荒げるよりも迫力が出ます。怒鳴ったり、罵声を浴びせたりしないので、パワハラにもなりません。

「どうしてやらなかったの?」と質問するだけでも充分です。ですが、もし詰問するような空気感で部下が委縮してしまいそうな場合は、「僕は、君が○○ができていないからとても悲しい」と、主語を自分にして語る形で自分の感情を交えると、きつくなりがちな雰囲気を和らげることができます。

「伝えて、黙る」はセールスにも有効です。お客様にも「○○することができました」と報告し、黙って待つと、お客様は沈黙に耐えかねてつい「ありがとう」と答えてしまいます。

「ありがとう」と言われた社員は、お客様に「××様が協力してくださったおかげです。さすが××様です。こちらこそありがとうございます」と返すようにします。こう言われて気を悪くする人はいませんから、お客様との良好な関係づくりにも一役買ってくれます。

これを続けていくと、ますますお客様との信頼関係が強くなり、値上げ交渉などもスムーズに行えるようになります。そしてそれが粗利アップにつながっていきます。

社内でも社外でも、沈黙をコントロールできるようになると、会話の流れを自分の

望む方向にリードできるようになります。この力がつくと、場を動かすリーダーシップの力もついてきます。

リーダーシップとは、「目標を掲げて、その目標達成のために周囲に働きかけて、協力を結集する能力」です。リーダーシップが身につけば、社内での周囲の協力を集めることができますし、お客様に対してのリーダーシップも取れるようになります。お客様との関係でリーダーシップが取れれば、場をこちらでコントロールすることができ、それが契約などの交渉の場でも発揮できるようになります。つまり収益アップにつながるのです。

周囲の力を引き出すためのツールとして、「黙る」というのは非常にシンプルな技術ですが、実際やってみるとなかなか難しいものです。せっかちな人は、この間を取るのが難しいのですが、そこはグッとこらえて、ぜひいったん沈黙する癖をつけてみてください。

「できました」教育の実施のコツ

「できました」教育を実施するには3つのコツがあります。このコツをおさえることで、このメソッドの効果が激変します。順に見ていきましょう。

【コツ1】指示も報告も小刻みに行う

「できました」報告は、「手短に」かつ「たくさん」することがポイントです。

仕事の指示を出す際は、仕事のステップを細かく切り分けて伝えましょう。仕事内容にもよりますが、細かさの度合いは、10分ぐらいで仕事が一区切りつくぐらいの量が目安になります。

部下は、指示された仕事を終えたら、短く「○○ができました」と報告します。

小刻みに進めるメリットは、まず、仕事を細分化するほど、指示が具体的でわかりやすくなるということです。次に、仕事の習熟が早くなるということです。

仮に作業内容が間違っていたとしても、報告が早ければ早いほど軌道修正もラクに済みます。これが仮に1時間ごとのチェックだと、もし作業が間違っていた場合は1時間分の作業が全て無駄になってしまいますが、最初の10分ぐらいでチェックが入れば、間違っていてもすぐ直せます。修正を早く行うことで、上司も指導の二度手間が省けてラクになります。

私は部下に仕事を教えたら、「10分で報告に来てね」「20分で来てね」「30分で来てね」と、目安の時間も含めて伝えるので、どんな人でも、まったく新しい仕事でも短期間に覚えられます。

一般の社員教育では、多くの仕事を一気に教えて、一気に報告させることが多いようです。これでは修正のタイミングが遅れ、成長が遅くなります。

小刻みに報告を行うと、一見手間が掛かるように思うかもしれませんが、このやり方だと、習熟のスピードが圧倒的に早くなるため、結果的には手間が少なく済みます。一人ひとりの成長が早まると、会社全体のテンポがアップし、同じ仕事でも早く終わります。そのおかげで、わが社では時間に余裕ができ、次々と新しい取り組みにチャレンジすることができているのです。

小刻みに報告することのもう1つのメリットは、たくさん報告すると、それだけ褒めてもらえるチャンスが増えるということです。部下は褒められる機会を多く持つことで健全な有能感がスピーディに育ちます。

指示も報告も小刻みに行うことで、**仕事の習熟のスピードを上げ、部下の自己肯定感も育てられるという2つのメリット**が得られるのです。

【コツ2】作業はキッチンタイマーで計る

部下が作業をする時には、キッチンタイマーを渡し、実際に時間を計りながら進めてもらいます。

タイマーを使う目的は2点あります。仕事に集中していると「できました」と報告をするのを忘れがちになってしまうので、忘れないようにするため、というのが1点。ゲーム感覚で仕事を楽しめるようにするため、というのがもう1点です。

目標を決めて時間を計りながら仕事をするだけでも作業はスピードアップしますし、時間内にできたか、できないかのゲーム感覚で仕事が楽しめます。

仕事に掛かる時間を意識し、きちんと自己管理できるようになれば残業も減ります。

「できました」教育では10分や20分といった小刻みな分数で時間を計りますが、社内では、その他にも主だった作業は時間を計りながら進めることが多いです。例えば、見積もり書作成に1時間、給料計算に2時間といった感じです。

この時間も、作業する本人が自分で決めます。人間には、「自分たちのことは自分たちで決めたい（自己決定権）」という気持ちがあるので、その気持ちを活かした方が、業務効率が高くなるからです。

自分で決めた目標に対して、自分で時間を計って、できたかできないかをゲーム感覚で楽しむ方法は、社員にも「面白い」と好評です。楽しく仕事を効率アップするコツとして、ぜひタイマーを使ってみることをおすすめします。

【コツ3】「できたこと」は「全部」ではなく「一部」に注目する

「できました」報告の際には、「○○することができました」と「できたこと」を積極的に見つける目を養いましょう。

人間は「できないこと」を探すのが大好きです。これは動物としての防衛本能から自然なことなのだそうですが、できないこと探しをしていると、自分も周囲もやる気を失ってしまいます。意識して前向きな視点を身につけましょう。

また、ある仕事の一部ができただけでも「できました」と報告しましょう。ひとつの大きな業務は、小さな作業がいくつか集まって成り立っています。例えばその1割だけでもできていれば、「9割ができません」ではなく、「1割ができました」でいいのです。

仮に全体がうまくいっていなくても、できたところを見つけるようにしていくと、報告者も「ここの部分ができました」と言えるので意識が前向きに変わっていきます。これを続けていくと、自分の強みも把握できるようになりますし、いずれ上司になった時も、部下の強みやうまくいっている部分が見えやすくなってきます。

これは社外のお客様への対応としても同様のことが言えます。

お客様のいいところを見つける癖をつけるようにすると、お客様を具体的に褒めることができ、お礼を言う時にも「○○様にこういうことをしていただいて助かりました。ありがとうございました」と心のこもった言葉を言えるようになります。

何度も言うようですが、こうしてお客様と良い関係をつくりあげておくと、多少価格を高くしても買ってくださるチャンスが増えるので、会社の収益が上がる、というところまで結びついてくるのです。

まずは1日1分、10回の「できました」から

「できました」教育は、報告の形を「できました」に変えるだけのシンプルな方法です。ですが、メソッドの効果を充分に発揮するためには、**反復練習が必要です。**

どんな仕事でも、自分のものにするには繰り返しが必要です。一回行っただけで仕事の内容をきっちり覚えられる人は、そうそういません。新しい考え方や、方法を身

につけるには、「しつこい」と思われるくらいの繰り返しが必要です。

どんな仕事も、頭で考えてやっているうちは本物ではありません。何度も同じ仕事を繰り返すうちに、作業や手順もコツもしっかりと頭の「中」に入ります。自分の血肉となって初めて、必要な時には臨機応変な対応ができたり、新たな工夫をするための土台となるのです。スポーツの基礎練習と同じで、応用のためにはまずは教わったことを繰り返してベースの力を身につけることが重要です。

多くの人は、子どもの頃から「他の人に頼らず、できるだけ早く一人でできるようになりなさい」と言われ続け、その価値観が正しいと教えられて生きてきています。ですので、この「ささいなことでも細かく上司に報告して、たくさん褒めてもらいましょう」という価値観は、これまでの認識を１８０℃変える必要があると言っても過言ではありません。

このメソッドに慣れ、「できました」の報告ができるようになるために、練習が必要なのは、当たり前のことなのです。

「○○することができました」と、名詞の形にするのには少しコツがいりますし、新人にとって、忙しそうな上司や先輩にこまめに「できました」と声掛けをするのはためらう場合もあります。ですが、何度も繰り返して練習を行うことでこれもすぐに慣れます。

「○○することができました」というフレーズが口ぐせのようになって、上司に報告する時には反射的に「○○することができました」と口から出るようになって初めて、この方法の真価が発揮されます。

「見える化」をして楽しくやる気アップ

「できました」の報告を定着させるコツは、**成果を「見える化」する**ことです。「できました」と報告するたびに正の字を付けたり、グラフにしたり、チェックシートを作ってそこに記入するなどをするといいでしょう。形式はなんでもいいので、「できました」の回数を頭の中でカウントするのでなく、目に見える化することが大事です。社内に貼り出したり、人に見せたりしなくても、たまに上司がチェックすればそれでＯＫです。

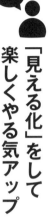

「できました」の回数を記録すると、本人は達成感が生まれて、さらにやる気がわいてきます。

上司にとっても、「できました」の報告ができている場合は、「ちゃんとやれて偉いね」と褒められますし、報告ができていなかった場合は「どうしてやれていないの？」と聞けるので指導が行いやすくなります。

見える化という意味では、朝礼の場などを利用して「できました」の回数をみんなで報告し合うのもいいでしょう。**周りの人に報告し、周囲がその結果を承認することで、適度な緊張感も得られますし、承認欲求が満たされてモチベーションもアップします。**そうすると人はガラッと変わってきます。

わが社では、「できました」教育を開始する際には、本人がみんなの前で「これから『できました』教育のトレーニングを始めます。みなさん、応援してください！」と宣言します。するとみんなは拍手で応援をします。

同様に、トレーニングが終わった時にも「『できました』のトレーニングを修了することができました！」と報告をしてもらっています。すると今度は全員で「できるようになったね！」「頑張ったね！」とねぎらい、拍手で盛り上げます。

ちょっとした工夫ですが、開始と終了時にこのようなメリハリをつけることで、本人も周囲も大きく意識が変わります。

ちなみに「できました」教育のトレーニングの終了の目安は、案件の難易度によって異なりますが、部下が自分の力で仕事を進められるようになり、かつ適切なタイミングで報告ができるようになった状態を見定めて判断します。

わが社では、社員と相談しながらつくりあげたオリジナルの「できましたチェックシート」を使用して、トレーニングの効果をさらに高いものにしています。次の項で具体的な内容をご説明しましょう。

1分でできる「できましたチェックシート」で効果アップ

ここでは、「できました」教育の効果を倍増させるチェックシートの作り方や、そ

1分でできる「できましたチェックシート」

氏名：

手順① あなたが、あなたの仕事で「～することができました」と報告できることを10個リストアップ	【例】見積書を書くことができました。 製品を10個納品することができました。	【例】企画書を送ることができました。 電話でお願いすることができました。
	①	⑥
	②	⑦
	③	⑧
	④	⑨
	⑤	⑩

		手順②「～することができました」と**報告できた回数をピンク色蛍光ペンで塗る**										手順③「できました」と報告できた**自分を褒めることができたら「○」**を記入
		1回	2回	3回	4回	5回	6回	7回	8回	9回	10回以上	
1週目	／											
	／											
	／											
	／											
	／											
2週目	／											
	／											
	／											
	／											
	／											
3週目	／											
	／											
	／											
	／											
	／											
4週目	／											
	／											
	／											
	／											
	／											

感想	できたことに焦点を当てて、感想を記入
上司コメント	

の活用の方法を具体的にご説明していきます。

トレーニングの流れに沿って、シートは、大きく3つのブロックに分かれています。

一番上のブロックは、トレーニングを開始する最初のタイミングで使用します。ここには、これから行う新しい業務、つまりできるようになりたい業務内容を全て書き出しておきます。最初はできるだけ細かく書き出しておくといいでしょう。

例えば、お客様とのアポ取り、契約書送付、受注処理、納品、集金などです。リストに書き込む時には、必ず全ての文章の末尾が「○○ができました」「○○することができました」で締めくくれる形式にします。


例えば、こんな感じです。

「見積書を書くことができました」

「企画書をメールで送ることができました」

「備品代の入金を確認することができました」

このリストアップはトレーニングを受ける本人が行います。社員一人ひとりが自分で業務内容を書き出し、「できました」の形式に変換するというこの作業自体が、業務内容を整理するトレーニングになっているからです。

自分で考え、自分で書き込むことで、上からの押しつけではなく、社員自らが仕事を創るという自発性も育ちます。

本人が報告すべき項目をうまく見つけられない場合にだけ、指導者がアドバイスして一緒にシートを作成しましょう。

真ん中のブロックが、トレーニング期間を通じて使う部分です。1日に1列を使います。

上のブロックでリストアップした「できました」報告リストの内容から、「できました」報告が実行できた時には、社員自身によるセルフチェックとして、1つのコマをマーカーで塗ります。**目標は1日10コマ**です。

このマーカーによるチェック作業も1分で完了します。チェックに掛かる時間は短時間ですが、実際に手を動かしてコマを塗り、塗り終わったシートを目で確認することでチェックの効果は高まり、本人は達成感を得ることができます。

これを毎日続けていくと、達成できた回数が横棒グラフとなっていくので、報告ができた日とできなかった日が一目瞭然となります。

ここで気をつけてほしいのは、マーカーで塗るのは、仕事ができた時ではなく、あくまで**「『できました』と報告ができた時」**ということです。

○マーカーで塗るべき例
・「見積書を書くことができました」と、声に出して指導者に報告ができた時。

×マーカーで塗ってはいけない例
・見積書は書けたが、報告はしていない時。
・見積書は書き、上司に報告もしたが、「見積書、書いて送っておきました」のように「できました」のフレーズから外れている時。

このトレーニングは「できました」の報告を癖づけするためのもので、仕事の習熟度を確認するものではありません。

ですから、実は報告の内容そのものはどんなにささいなことでもいいのです。極端なことを言ってしまえば、「大きな声で挨拶することができました」などでもいいぐらいです。

小さなことでも「できました」と報告するだけで、上司が「ありがとう」と感謝してくれるので、社員は「仕事ができた」という達成感とともに、できたことが癖づけされていきます。このように、まずは**成功体験を積み上げることが大事**です。

「できました」報告を行って、一日の業務が終わりに近づいたら、本人がやることはもう一つあります。

それは、**「できました」報告ができた自分を褒めてあげること**です。つまり、「今日はちゃんと『見積書を書くことができました』と「できました」報告ができた。そんな私、エライ！」ということです。きちんと自分を承認し、褒めることができたら、列の一番右端のコマに○を記入して、**より達成感を高めます。**この作業も1分で行うことができます。

多くの新人は、新しい業務を前にして、「失敗したらどうしよう」と委縮して自信をなくしています。こういった状態では、本来の力を発揮することができず、業務の呑み込みも遅くなります。そのため、まずはこうして成功体験を積み上げて自信を身につけさせるのです。

ほとんどの社員は「できました」トレーニングだけで自分を褒めることができるよ

うになりますが、例外的になかなか自信の持てない社員については、スペシャルメニューとして**「自分を褒める目標グラフ」**というものを作らせます。なかなか自信の持てない社員は「私は、今日一日で、何回自分を褒められたかな」と回数をチェックしてグラフにしていくわけです。どんどん伸びていくグラフを目で見ることで社員は達成感が得られますし、「自分で自分を褒めるのは良いこと」と意識が変わります。これを1ヶ月ほどやればガラリと変わって自信がつきます。自分で考え、自分で解決できる社員のことを、私は「自走型社員」と呼んでいますが、この「自走型社員」をつくるには、放っておいても自分で自分を褒められる状態がベストなわけです。

このようにしてトレーニングを4週間続けます。4週間が経過した頃には、すっかり「できました」報告が身についているはずです。4週間のトレーニングを終えたら、**一番下のブロックを用いて最後に振り返り**を行います。

せっかくのトレーニングもやりっぱなしにしては、効果は半減します。総括の振り返りを行うことで、トレーニングの効果が定着します。部下自らに感想を書かせることで学んだことが明確になり、今後の課題も見えてきます。トレーニングをやりきった達成感もここで得ることができます。

上司は、部下の「できたこと」に重点を置いてコメントをしましょう。上司のコメントというと、とかくできなかったことに注目してダメ出しを行う方向に向かいがちですが、**このトレーニングでは、部下の自信を育てることも目的のひとつ**です。振り返りを行う際は、**部下の成果を前向きに承認し、今後については温かく励ます**という態度で臨みましょう。

部下がトレーニングを終えた後は、本人から周囲にトレーニングの修了を報告させ、上司以下、職場の皆で褒めましょう。本人及び職場のモチベーションがアップします。

コラム

「できました大賞」で楽しくモチベーションアップ

■株式会社天才工場（出版コンサルティング）

「できました」教育の研修を行ったところ、この会社では、その後に独自の「できました大賞」を設定。前日の「できました」報告が一番多かった人を毎朝全員で褒めるという「見える化」を行うようになりました。

取り組みの結果、以前は何ごとにも自信が持てずに悩んでいた新人も、「できました」と報告して褒められる体験を積み重ねたことで、自信を持って仕事に取り組めるように。自分も会社に貢献できるんだ、という嬉しさが生まれたことで、仕事へのモチベーションも上がったそうです。

リーダーからは、部下からの「できました」という報告を受けて、褒めたり感謝する機会が増えたことで社風が良くなり、今まで以上に社員一丸となって業務を進めることができるようになった、という話がありました。

「できました」の報告を入り口に、社員それぞれのモチベーションがアップすると同時に、全員が協力することの大切さを意識するようになったそうです。

第4章

お客様が「ありがとう」と言う会社は絶対に儲かる

「ありがとう」が粗利を上げる

これまでご説明したように、「できました」教育で、社員が「できました」の報告ができるようになると、上司やお客様からの「ありがとう」を自然に引き出すことができるようになります。

売る側が、お客様に「お買い上げいただきましてありがとうございます」と感謝するのが世間の常識ですが、実は、このようにお客様からも「ありがとう」と言っていただく回数が増えるほど、会社の儲けは増えていきます。

この章では、「ありがとう」のパワーを背景に、お客様を惹きつけ、選んでいただければ、それが最終的には粗利アップにまでつながるということ、そしてそのための秘訣をお伝えします。

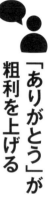

会社が儲かっている状態とは、つまりはたくさんのお客様に選んでいただいている状態と同じことです。お客様に選ばれるためには、２点の重要なポイントがあります。

１つ目は、お客様との良好な人間関係をつくりあげること、信頼関係と言ってもいいでしょう。

そして**２つ目は、自分の会社にしかないオリジナルの価値を提供できること**です。

とはいえ、お客様のニーズに合っていない的外れな提案をしても、お客様に選んでもらうことはできません。

いかにお客様と良好な関係を構築し、相手のニーズに合った提案ができるか。そのために威力を発揮するのが「できました」教育のメソッドなのです。

相手との良好な関係を生む「ありがとう」

お客様はあなたの会社の社員が「できました」と報告すると、その報告に応えて、「ありがとう」とおっしゃってくださいます。
感謝や承認といったプラスの言葉を何度も発することで、あなたの会社と取引ができて「嬉しい」「助かる」「ありがたい」といった感情がお客様の中にどんどん生まれていきます。

例えば、以下のようなお客様との会話があったとします。

社員「〇〇のご予約が**できました**」
お客様「**ありがとう**。間に合って良かったよ」

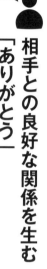

社員「お客様からすぐにお返事をいただけたおかげです。**こちらこそありがとうございました**」

お客様「いやいや、あなたが的確にポイントを伝えてくれたからだよ」

社員「そう言っていただけて**嬉しいです**」

このように、「良かった」「ありがとう」というようなプラスの感情を表現する言葉が、会話の中にたくさんちりばめられているのがお客様との理想的なやりとりです。言葉の影響力というのは非常に強いので、お互いに「ありがとう」「ありがとうございます」と言い合っているうちに、相手に対する感謝の思いが本当に強くなり、さらに関係性は良くなっていきます。

こういった状態をつくると、いきなり取引を切られたり、コストダウンを迫られるといったことはほとんど起こらなくなります。仮に多少値上げを行ったとしても、あなたの会社と取引をすることにメリットを感じて、あなたの会社から引き続き商品やサービスを購入してくださるようになります。

場をリードする力を備えた「できました」社員なら、お客様からたくさんの「ありがとう」を引き出すことができ、会社の利益向上に貢献することができるのです。

常にお客様から選ばれる存在でいるためには、社員たちはいつでもお客様から「ありがとう」を引き出すような努力をし、自分たちもスムーズに「ありがとうございます」と口をついて出るようにしておかなければなりません。社内でのやりとりで、「ありがとう」の発言を習慣化しておけば、いざお客様と会話する場面になっても、自然に感謝の言葉が出てくるようになります。

お客様から「ありがとう」を引き出すコツ

「できました」方式を粗利アップに効果的に結びつけるには、まずは、お客様の「ありがとう」をしっかりと引き出さなくてはいけません。「できましたの報告」＋「沈黙で間を取る」は、基本中のキホンですが、こちらの誠意を目に見える形でしっかり伝えることで、さらにお客様の心を動かすことが大切です。

ビジネスの基本はコミュニケーションです。そしてコミュニケーションとは、意思や感情のやりとりです。

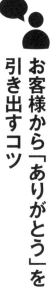

心理学の分野で「**メラビアンの法則**」という言葉を聞かれたことがあるでしょうか？

メラビアンとはアメリカの心理学者で、話し手が聞き手に与える印象がどのような要素で形成されるかを測定しました。その結果、表情、声、行動態度が相手に与える印象の93％を占めることがわかったのです。

外見などの視覚情報が55％、声などの聴覚情報が38％、会話の内容はたったの7％と言われています。

やはり、**心をしっかりと伝えるには、表情や声のトーン、態度などが大切になるの**です。それがうまくいかないと、せっかくの誠意もお客様に届きません。

実際に対面でお話する以外にも、ホームページの動画や電話での会話でも、ノンバーバルコミュニケーション（言葉以外の表現）は重要なポイントです。特に電話は、声のトーンだけで勝負しなくてはいけないので難易度も高いコミュニケーションの方法だと言えるでしょう。

社会のＩＴ化が進み、接客などもＡＩが行うようになりつつある世の中で、人間らしいコミュニケーションの価値はますます上がってきています。意識的にコミュニケーションに力を入れ、お客様との絆をさらに深めていくようにしましょう。

儲けを生み出す 5つのキラーフレーズ

社員とお客様の間で「ありがとう」が飛び交う会社は必ず儲かりますが、「ありがとう」の他にも、儲けを生み出す人間関係構築に役立つフレーズがありますので、それをここではご紹介します。

それは、

「助かります」

「嬉しいです」

「さすがです」

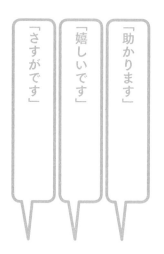

「すごいです」

です。

これに

「ありがとう」

を加えて、５つのキラーフレーズとなります。

儲けのためのキラーフレーズは、お客様との会話中にできるだけ多く使いましょう。
そうするとお客様も同じ言葉を返してくださいますので、良い関係が強化されていきます。

この背景になっているのは、「返報性」という心の動きです。返報性とは、人から何かをしてもらったら何かお返しをしたい、借りをつくったままでは落ち着かないのでバランスを取りたいと思う心理です。

褒め言葉やお礼など、何かプラスの言葉を掛けられると、つい相手のためになる行動を取ってしまったり、「あなたこそ素晴らしいです」「こちらこそありがとうございます」のように言葉を返したくなってしまうのです。

駅のお手洗いなどに「きれいに使ってくださってありがとうございます」といった張り紙が貼ってあることがあるのを見かけたことはないでしょうか。あれは、まだお手洗いを使っていないのに、先にお礼を言われることで、その思いに応えたいという思いが生まれ、実際にきれいに使用する人が増えるという返報性の法則を活用した仕組みです。

○○という行動をお客様に取ってもらいたい時は、「○○してくださってありがとうございます。助かります」と前もって言ってしまいましょう。そうすると、感謝の言葉を掛けられた相手の心には返報性の法則が働き、○○の行動を取ってあげたいと思うのです。

返報性を活かした業務上のトーク例としては、お客様がやってくださった何か助かることや、今後も続けてもらいたいことなどに着目して、

「早く報告書を出していただけたので、**おかげさまで**私もレポートを早くまとめることができて**助かりました。ありがとうございます**」

となります。

お客様の良いところをたくさん見つけて、こちらからまず「さすがです」「すごい

です」と伝えましょう。そうすると、やはりお客様から「いやあ、○○さんもすごいですよ」と返してもらえます。褒められたら、その時は「いいえ、いいえ」などとバリアを張らずに、素直に「嬉しいです」と受け止めましょう。せっかくの前向きな流れをせき止めず、褒められる行動をこちらも続ければいいのです。そうすれば、また褒めていただけます。

返報性の法則がビジネス上で有効なのは、仮に始めは返報性から発された言葉であっても、自分の口から何度も声に出しているうちに、だんだん本気になってくるというところです。

始めはただのお返しとして「○○さんこそさすがですよ」と言っていただいているだけでも、言い続けているうちに、本当に自分は相手を高く評価しているような感覚になってくる、いわば自己暗示のような効果があります。ですので、お客様からは、できるだけ多く、自分たちに対するお褒めの言葉や感謝の言葉などのポジティブな言葉を引き出しましょう。それが粗利アップにつながっていきます。

1分でできる「ありがとう」トレーニング

「ありがとう」を含む5つのキラーフレーズの効果を最大にするには、「表情・声・態度」といったさまざまな表現力を鍛えることが重要になってきます。ここでは表現力をアップするコツや練習方法をご紹介していきます。

相手の感情に訴え、心を通わせるためには笑顔がもっとも大切です。新人は、まず笑顔の練習から始めましょう。

おすすめなのは、動画撮影による「1分セルフチェック」です。自分の携帯電話などで動画の自撮りをしながら、感情をこめて笑顔で「ありがとうございます」と言い、それを見返して修正するのです。

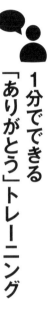

顔の表情というのは、筋肉の動きによって起こるので、スポーツと同様に反復練習しないとうまくなりません。自分で動画を撮る、自撮りでチェックするという方法なら、サッと1分で実行でき、上達も早まります。

良い笑顔をつくるコツは、口角を上げて、目尻を下げる、です。目尻を下げないと「あの人、目が笑っていない」と言われるコワイ顔になります。また、一所懸命に話を聞こうと目力を強くしてしまうと、睨んでいるような感じになって誤解されます。まぶたの力を抜き、ふわっと目尻をゆるませてみましょう。

笑顔ができたら、次は声のトーンです。自分の声のトーンも携帯電話の動画で聞いてみましょう。

「ありがとうございます」は、「あ」を強調してだんだん語尾は下げていきます。

「助かります」も、最初の「た」にアクセントを付け、これも語尾は下げます。

「ありがとうございまス！」「助かりまス！」と最後を強くすると、言い捨てたような雑な感じがしてしまうので気をつけましょう。

誠実さが伝わるような声のトーンを見つけるコツは、自分自身が相手に言われたら嬉しいと思えたり、気持ちいいと感じられるように話すことです。それを動画で確認していきます。


動画によるセルフチェックは業務の一環として、毎日練習するのがおすすめです。朝礼の時間などに、「1分間練習タイム」を取り入れるのも、継続しやすくなるという点でいいと思います。

この時は、それぞれが自分のペースで練習します。各自、自撮りをしながら「ありがとうございます」「助かります」を繰り返すのです。

全員がいっせいに「ありがとうございます！」と叫んだりするのは、自然な表現を身につけるという本来の目的から外れてしまうので気をつけましょう。


部下が練習している時は、上司がきちんと褒められるかどうかが成功の決め手です。

ダメ出ししてはいけません。ダメ出しをすると、笑顔をつくることや声を出すことに苦手意識や恥ずかしさが生まれて、自然な表現ができなくなってしまいます。

まずは社内でのやりとりの中で、自然に「ありがとうございます」を口に出せるように習慣づけましょう。

社内でできるようになって、お客様の前で初めて自然に「ありがとうございます」が出せるようになります。これが本当にできるようになると、粗利の数字が上がり始めます。

お手本を探すのもいい方法です。

身近にいる笑顔のすてきな人や、「ありがとう」の伝え方が爽やかな人を真似してみるのもいいですし、チャンスがあれば高級ホテルなどのプロのサービスを体験するのも勉強になります。

一流のサービスを提供する人の中には、さすがに「すごいな」と感じさせる人がいるものです。いずれにせよ、お手本を見つけ、自分で真似してみることで理解できることは、たくさんあるのです。

仕上げは、姿勢や会話する時の立ち位置についてです。

人間の印象は、姿勢ひとつで大きく変わります。猫背でいれば弱々しく見え、信頼されませんし、反り返っていれば尊大な印象を与えて好感度が下がります。それとは逆に、姿勢はすっきりと腰を伸ばして胸を張っていれば、誰から見ても清潔な印象を与え、仕事も任せたいと思われます。

わが社の女性社員で、背が高いのを気にしていたのか、遠慮気味に背を丸めるのが癖になってしまっている人がいました。立ち姿が前かがみで、手を前にだらりと下げていると、傍から見ていても自信なさげで、つい「大丈夫?」と聞きたくなってしまう感じです。

これでは彼女が何を発言しても説得力が出ません。見た目の印象を変えることで、内面も変化してくるので、彼女にはまず、背中を伸ばして胸を張るようにしてもらいました。

胸を張った状態で話せるようになると、顔も前を向くので、相手の目を見て話せるようになりました。胸を開くことで呼吸もラクになるので、ゆったりとした余裕が出てきますし、声もお腹からしっかり出せるようになります。この姿勢で「できました」と報告してもらうことで、自信も育ち、しばらく経つと別人のように頼もしい印象に変わりました。


「感じのいい人だな」と相手に思ってもらうためには、立ち位置も大事です。これも、実はそれぞれの個性によって変わってきます。先ほどの彼女は、これもやはり遠慮の意識から、相手から少し離れ気味に立つ癖があったのですが、相手から離れすぎると親密感が減ってしまいます。その場合は、少しずつ距離を詰めてみて、圧迫感を与えず、親密さを失わないちょうどいい位置を覚えるようにするといいのです。

お客様と着席して打ち合わせする時には、背もたれに寄りかからず、少しだけ前のめりになって、相手の話に興味を持って耳を傾けている雰囲気を出しましょう。手足は組まず、落ち着いて穏やかな表情をキープします。

お客様との関係に限らず、上司からの指示を受ける時にもコツがあります。

- 声を掛けられたら、すぐに元気よく「ハイ」と返事をする。
- 手帳を持って、上司の斜め横に素早く移動する。
- 明るい表情で、相づちを打ちながら聞く。
- 納期、仕事の狙い、目標等を意識してメモを取る。
- 指示の内容を復唱する。

そして、相手の話を聞く時は、割り込まないで最後まで聞くのがポイントです。

以上で、表情、声、態度のコツを網羅しました。

要点をまとめると以下のようになります。

①表情：にこやかに、口角を上げ、視線はやわらかくする。
②声　：「ありがとうございます」「助かります」の最初の一音ははっきり発音する。
③態度：姿勢を整え、立ち位置は個性に応じて工夫する。

これらを組み合わせることで、落ち着きがあって頼もしい人物に見えます。お客様の話の合間に、うなずきや相づちも入れるとさらに印象が良くなります。

どれも繰り返し練習して、体に覚え込ませることで、お客様の前でも自然に感じのいい振る舞いができるようになります。

また、練習する時に大事なポイントは「このトレーニングは増収策である」という粗利脳を忘れないことです。

なぜなら、そこを意識しないと、今ひとつ本気で取り組めない社員もいるからです。

特にベテランの男性社員などには、実際に笑顔をつくったり声を出したりする訓練に抵抗を感じるタイプの人もいます。

小学校や中学校では、生徒たちのあいさつを奨励する「あいさつ運動」を時々見かけますが、そういったマナー教育と混同してしまうのです。そんなことをやったって儲からない、と社員が誤解したままでは効果がでません。

ですが、社長自らが「社員の個性を磨くと会社のブランドになる。ブランド力を上げ、粗利をアップすることは企業の命題である」ときちんと社員に伝えると、「『ありがとう』と言えると儲かるんだ！」と社員の意識が変わり、グングン利益がアップしていきます。

コラム

リーダーシップを発揮して、生産性や製品品質も大幅アップ

■三光製作株式会社（めっきの製品開発・製作）

こちらの会社は、めっき製品の開発から、ラインでの生産までを一貫して行うめっきの総合メーカーです。

研修にはチームリーダー層が参加し、中間管理職として部下を取りまとめる立場に必要なリーダーシップを学ぶというのが主な目的です。

以前は、チームリーダーが新しい改善案を取り入れたいと考えても、部下からの反発を恐れて消極的になってしまう場面もあったそうです。研修では、「できました」教育はもちろんのこと、目的達成のための部下の褒め方や注意の仕方といった具体的な指導のコツを学んでもらいました。

研修後は、意識的に褒めていくことで、チームの雰囲気が改善したそうです。上司と部下の信頼関係をしっかりと築くことができたため、意見交換も活発になりました。さらに、社内の風通しが良くなったことで、重要な情報や改善すべき課題の共有が進み、その結果、製品の品質や会社全体の生産性も大幅にアップしたそうです。

第5章

「わかりません」社員も粗利を上げる

「わかりません」社員が一番伸びる

ここまで、「できました」教育が、新人の育成にはもちろんのこと、社外に向けての粗利アップにもつながることをお伝えしてきました。

この章でご紹介するのは、「わかりません」というフレーズの持つ威力です。

通常、「わかりません」はけっして歓迎される言葉ではありません。ですが、粗利脳の視点で見てみると、この「わかりません」も、企業にとっては素晴らしい宝物になるのです。「わかりません」を活かして、粗利アップにつなげる方法をこれから詳しく紹介していきます。

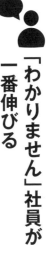

会社で働いている以上、社員は全員が仕事のプロです。

お客様は、こちらのことを当然プロだと思って質問します。しかし残念ながらプロでも全てを知っているわけではありません。

多くの人は、相手から「そんなことも知らないの?」と言われたり、思われてしまったら……と想像すると恐怖が先に立ってしまいます。「わからない」=「恥ずかしいこと」と考えているので、わからないことを隠して、間違ったことやあいまいなことを答えてしまいます。それがビジネス上のトラブルに発展し、お客様の信用を失ってしまう、ということは結構多いものです。

しかしそんな時も、「できました」社員は、キチンと「わかりません」と言えます。

なぜなら、しっかりとした報告の癖がついているからです。「わからないこと」をわからないと言えるのは重要なスキルです。

「わかりません」と言えるようになると、社員自身にとっては以下のようなメリットがあります。

・知ったかぶりによるトラブルを未然に防げる。

・自分の至らない点が明確になり、成長できる。
・チームに問題点を共有できる。

つまり、「わからないこと」がわかるようになるのは、本人にとっては成長するチャンスであり、会社にとっても大きなメリットとなるのです。

意外と伸びしろがないのが「知ったかぶり」社員

「わかりません」社員とは逆に、警戒すべきは「知ったかぶり」社員です。「知ったかぶり」社員は、わからないことがあっても「これくらいのことを知らないと思われたら恥ずかしい」などと思って誰にも聞けず抱え込んでしまいます。

また、「こんな簡単な仕事もできないのか」と思われることを恐れて、本来ならチームで協力して進めるべき仕事も、ひとりで解決しようとしてしまいます。プライドの高さが間違った方向に出てしまっているのです。

知ったかぶりをする社員は、わからないことやできないことがあっても隠してしまいます。そうなると、上司としては手の施しようがありません。本当のことが明るみに出るのは、彼らが失敗をしてからになってしまいます。これでは会社は儲かるどころではありません。

上司や同僚にはフォローの負担が掛かりますし、本人も、やり直しで二度手間、三度手間になります。リカバリーの仕事に時間を取られると、新しいことにチャレンジするチャンスが減ってしまい、会社にとってもマイナスな上、その人は成長のスピードが鈍ります。

成長のためには、わからないことは隠さず「わかりません」と報告し、早め早めに

つぶしていくのが、会社にとっても本人にとっても得なのです。

「わかりません」は儲けのタネ

「わかりません」社員を大切にする一番の理由は、粗利アップに直結するからです。なぜなら、「わかりません」と正直に伝えれば、お客様の力を貸してもらうことができるようになるからです。「わかりません」は、お客様の協力を引き出す最強のツールなのです。

例えば、営業マンが「わかりません」と言えるようになると、契約件数が増えます。なぜなら、営業という仕事は、まずお客様から宿題をいただいてくることが、その先の展開につなげるきっかけになるからです。

宿題とは、お客様の「困りごと」です。それを、自社の強みを発揮して解決できるとわかった時、そこにビジネスが発生します。

例えば、お客様のお話の中で、何かわからないことがあった時、「申し訳ございませんが、少々わかりませんので、もう少し詳しく教えていただけませんか？」と言えば、お客様は快く教えてくれます。

人間は誰かから教えを請われると、自己重要感が上がるので、不快に取られることはそうそうありません。教えてもらったあとに、感謝と尊敬の念を込めて「ありがとうございます。○○様のお話がわかりやすかったおかげで、とても勉強になりました」と伝えれば、お客様との関係はますます良くなります。

また、こちらにわからないことがあったということは、お客様の状況をしっかり理解できていなかったことでもあります。わからなかったことを教えてもらい、お客様のことをきちんと理解できると、さらに提案できることが増える可能性もあります。

そこには粗利アップのチャンスが隠れています。

さらに営業マンが、お客様から何か質問された時、すぐに答えがわからない場合は、「わかりませんので、お調べして、また伺います。次はいつが、ご都合がよろしいですか」と答えれば、次のアポイントにつなげるチャンスにすることができます。そして質問への回答を持って次回に臨めば、それが新規契約など、新規の粗利アップにつながります。

「わからない」は相手とのコミュニケーションを深めるチャンスなのです。

特に営業マンだと、「わかりません」と言うことで、次回の約束を取りつけたり、質問したりと、次のアクションにつなげることができます。接触頻度が増すに従い、お客様との関係性が良くなるので、儲けが実現するのです。

トークの実例はこのようになります。

・お客様との会話の中で、自分がわからないことがあった場合

社員「**申し訳ございませんが、少々わかりませんので、もう少し詳しく教えていただけませんか？**」

お客様「いいですよ。これは詳しく言うと、～～ということです」

社員「教えていただいてありがとうございます。○○様のおかげで大変よく理解できました」

・お客様から、自分がわからないことを質問された場合

社員「**恐れ入りますが、今はわかりかねます**ので、そういうことでしたら明日までに調べて、**もう一度ご連絡させていただいていいですか？**」

お客様「それではお願いします」

社員「次にお伺いするのはいつがよろしいですか？」

もちろんこれらは、営業マンに限った話ではありません。どの部署の社員でも、「わかりません」と社内でもお客様に対しても言えるようにしておくことは、粗利アップのためには必須です。

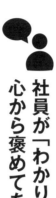

社員が「わかりません」と言ったら心から褒めてあげよう

「わかりません」と言うトークは1分で完了しますが、「わかりません」と言える文化を社内に根づかせるには、少し時間が掛かります。

9割の社員は「わかりません」と言うことに恐怖心を持っています。なぜなら恥をかきたくないからで、これは特に男性社員やベテラン社員に多いようです。

また、若い社員でも、家庭や学校では「わからないなどと言って人に頼らず、まずは自分で調べたり、考えましょう」と教わってきたので、切り替えに時間が掛かるのです。

これまでの常識では、すぐ誰かに「わかりません」と助けを求めることは甘えとして許されないのが普通でした。ですが、粗利脳では「わかりません」とすぐ言える社員の方がデキる社員という評価を受けます。

そのために、「わからないことはわからない」と言うことのメリットを社員に徹底的に伝えなければいけません。「わからない」と言ってもいい、むしろ言うべきだと伝えます。

ですから、上司は、部下が「わかりません」と言ったら心から褒めてあげましょう。

「わかりません」は儲けに直結します。

「わかりません」を社員に定着させるコツは、上司がきちんと〝声に出して〟社員を承認することです。これを続けていくと、「わかりません」と言うのに抵抗感が強いタイプの社員でも、1カ月ぐらいあれば、素直に「わかりません」と言えるようになります。

わが社では、新しい社員が来るとロールプレイングで「わかりません」と言う練習をします。3～4週間、集中して「わかりません」を訓練すると人生が激変します。例えば営業マンの受注件数が飛躍的に伸びます。わからないことはラッキーなことなのです。

「わかりません」を、上司が褒める時のトークの例は以下のようになります。

部下「○○さん、××の進め方が**わかりません**」
上司「そうか。**『わからない』と言うことができて偉いね。**できるようになって良かったね」

これだけで、業務のスピードはどんどん速くなりますし、儲けもアップするのです。

社内で「わかりません」がスムーズに言えるようになったら、今度はお客様に向かっても言えるようにしていきます。

お客様に勇気を持って「わかりません」と言えるようになるためにも、まず社内で言えなくてはなりません。ですので、わが社では、わざわざ練習をしてまで身につけてもらっています。

お客様に正々堂々と「わかりません」と伝えることができれば、協力していただける。宿題がいただける。お客様からの信頼が勝ち取れる。そのためにはまず社内で言えなくてはいけないよ、と伝えるのです。

キーワードは「申し訳ございませんが、」

とはいえ、なんの工夫もなく、お客様に「わかりません」を連発したら、当然怒られてしまいます。

そこで、「わかりません」を上手にお伝えするにはコツがあります。

それは、必ず最初に「申し訳ございませんが、」と付け加えることです。

お客様のお話に対して、いきなり「わかりません」とぶつけると、会話が途切れてしまうだけでなく、お客様から不快な感情を持たれてしまいます。

ですので、いったん「申し訳ございませんが、」というクッションになる言葉をはさみ、柔らかくへりくだるのです。

お客様の想定されているお答えができなかった、という力不足の点については素直に詫び、次に謙虚に教えを乞う姿勢を見せることで、こちらの誠意をしっかりとお客様に伝えるのです。これによって、お客様からの協力の姿勢を引き出すことができます。

自分にとって「わからない」点があったことを相手に伝え、相手の力をお借りする流れをつくるトーク例は以下のようになります。

「申し訳ございませんが、少々わかりませんので、もう少し詳しく教えていただけませんか？」

このセットでワンフレーズです。

いくら心の中で申し訳ないと思っていても、ただ棒読みで「申し訳ございませんが、」と言っただけではお客様に受け入れていただけません。わからないことをお詫びする時には、やはりそれなりの申し訳なさそうな雰囲気が伴わなければ、信用されないのです。誠意をきちんと伝えるのには、それなりの練習が必要です。

1分でできる「わかりません」トレーニング

第4章では、お客様から「ありがとう」を引き出す「表情・声・態度」のトレーニング方法をお伝えしました。

今度は「わかりません」を上手に相手に伝えるための1分トレーニングをご説明します。

この「わかりません」トレーニングも、携帯電話などの動画機能で自撮りを行い、チェックを交えながら反復します。

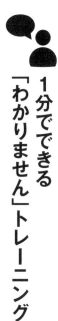

トレーニングのポイントは、「わかりません」に先立つ「申し訳ございません」という感情をしっかりと伝えること、相手の話に誠意を持って耳を傾けていると伝えることです。

まずは**表情づくり**です。

自分が話す時だけでなく、相手の話を聞いている時も表情をつけるのがポイントです。具体的には、額を動かすといいでしょう。

額や眉は、目や口に比べて意識しづらいパーツですが、実はここを動かすことで表情に説得力が出ます。眉間にシワを寄せすぎると、目つきが悪くなり、不満げな表情と誤解される可能性があるので気をつけましょう。

次は**声のトーン**です。

まずは相手の話をさえぎらずに最後まで聞きましょう。相手の話が終わったところで、「申し訳ございませんが、」と小さめの声で話し始めます。「申し訳ございませんが、」と言ったところで、いったん言葉を止め、ためらっている雰囲気を出してから「少々わかりませんので……」と続けます。

声の大きさは、始めから小さめに抑え、語尾に進むに従ってさらに声を小さくします。この時はあまり声を出さず「息で話す」イメージです。

最後は、消え入るような、囁きになるような感じで声を絞っていくと「申し訳ない」という気持ちがより伝わります。

最後は、**姿勢や立ち位置**にも気をつけましょう。

まずは立って話をする時です。立ち位置は、相手の真正面ではなく少し横にずれましょう。正面を避けることで、緊張感が高まりすぎるのを防ぎます。

両手は下の方に組み、少し肩をすぼめます。最初は相手の目を見て、あとは目線を1・5mぐらい前に落とすと控えめな印象になります。

座って話をする時は、可能であれば相手に向かって90度の角度に席を取りましょう。

これも、真正面には座らないのがポイントです。イスには浅めに腰かけ、少し前のめりで話を聞きます。深く座りすぎると姿勢がのけぞってしまい、尊大な印象を与えるので気をつけましょう。

うなずく時のタイミングは少し遅めに、重々しい雰囲気で行います。メモを取るのもいいでしょう。

謝罪する時にはお辞儀をしますが、これもただ一本調子に頭を下げるのではなく、相手の話の流れに沿って深々と頭を下げるパターンや、サッと頭を上げるパターンを使い分けます。

お叱りの言葉を受けた時には、まず最初に「大変申し訳ございませんでした」と深く頭を下げます。それからお叱りが続いていく場合には、いったん頭を上げて、うなずきとお辞儀を合わせて話を聞きます。

相手の話を聞く時には、ただ黙って聞き続けるのではなく、要所要所でお叱りの内容に対する共感をはさみます。自分が至らなかったことを指摘されているので、その点に対して共感をするのですが、その時にもリズムが必要です。

共感の言葉を伝え、一呼吸空けてうなずく。また一呼吸空けてうなずく、と進めると謝罪の感じが伝わります。

「(うなずいてから)大変申し訳ございませんでした」

「(うなずいてから)確かにそこが至りませんでした」

と、相手の言葉の切れ目を待って進めていきます。


以上が、表情、声、態度のコツです。

要点をまとめると以下のようになります。

①表情:相手が話している時も額を動かすなどして反応する。
②声　:語尾に進むに従い、囁き声のように声量を絞る。
③態度:話を聞く時は共感と相づちを忘れずに、立ち位置は正面を避ける。

謝罪や、「わかりません」を伝える場面では、これらを組み合わせることで、誠意のある人物という印象を持ってもらえます。

トレーニングの際は、これらのコツを意識してしっかりと練習します。携帯電話などで撮影した自撮り動画を見返して、何度も繰り返しましょう。

「わかりません」「申し訳ございません」と言うのは、第3章の「できました」よりも、心理的・技術的に難易度が高いので、しっかりと練習しましょう。

謝り方は大切です。上手に謝れるようになると、仕事と人生がスムーズになります。わが社のYouTubeチャンネルでも、私自身が実演する謝り方の動画をアップしていますので、ぜひ参考にしてみてください。

コラム

新人研修が倍速で完了！お客様との関係も良好に

■税理士法人ＢＥＴＴ　あかつか事務所（税理士事務所）

一般事務を行う新入社員を対象に「できました」教育を中心に研修を実施しました。それまでは新人としての緊張感もあり、「できました」という報告も、「わかりません」の相談も、周囲になかなか伝えることができなかったそうですが、「できました」「わかりません」と伝えることのメリットを、研修を通じて理解してもらいました。

研修後は、特に気負わずに「わかりません」と言えるようになり、上司や先輩から必要な指導が受けられるようになりました。

その結果、以前は半年程度掛かっていた具体的な業務についての研修期間が、約半分の３ヶ月で完了するようになったそうです。

さらに、社外的には、お客様の困っていることや要望を具体的に把握し、それを解決につなげることができるようにもなり、感謝していただくことが増えました。

このように、一般社員のスキルを伸ばすことは、会社全体の評価の底上げを図ることにも通じてきます。

第6章

さらなる成長の秘訣はこの「質問」

新人教育に便利な「4クエスチョン」

「できました」教育は、どんな社員でも、会社の粗利アップに貢献できるような「できました」社員に変身させるためのメソッドです。

ここではその応用として、新人の育成にとても役立つフレーズ集をご紹介します。たった1分で完結する、簡単な質問を4つセットにしたもので、私はこれを「4クエスチョン」と名づけています。

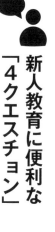

企業の力を伸ばすためには、正しい社員教育が不可欠ですが、多くの人は、誰かに何かを教える時の方法を教わってきていません。

つまり、部下に指導を行おうと思っても、効果的な「教え方」のコツを知らないのです。学校の先生や、スポーツの監督といったプロの指導者でも、「教え方」を学ぶ時は独学で、試行錯誤を繰り返して身につけていることがほとんどです。

プロの指導者ではない一般の人でしたら、「教えるスキル」を専門的に学ぶような機会はなおさら乏しいと言っていいでしょう。

「名選手必ずしも名監督ならず」という言葉があります。自分が、上手に競技ができるからといって、教え方がうまいとは限らないという意味です。

ですが、現実の社会では、往年の名選手やかつてのエース社員が、指導のスキルを身につけないまま教える側にまわるような状況が珍しくありません。そういった場合、過去の成功体験をそのままなぞっているだけのことも多く、ノウハウが合理性に欠けていることも多いのです。

その人自身はその方法で成功していても、他の人も同じような成果が出せるとは限りません。

このように、社会全体として、教える技術についての関心が低い現状では、残念ながら会社でも、上司の指導力が不足していてもある意味仕方ないとも言えますし、部下がなかなか仕事を覚えられないのも当然なのです。

ところが「4クエスチョン」の仕組みを使えば、いわば「教え方の素人」の上司でも簡単に新人を育てることができます。たった1分で終わる簡単な質問を4つ繰り返すだけで新人が勝手に育ってくれるのです。

「4クエスチョン」のコツは、「できました」トレーニングと同様、質問のあとに沈黙をして間を取ることです。すると部下は、質問されたあとの沈黙を受けて、自分の頭で考え出します。

それでは、実際の流れに沿った順番で4つのクエスチョンを挙げていきます。

①「今、なんて教えたかな?」

第3章の「独り立ちサイクル」の【STEP1】初心者のパートで紹介した内容のおさらいです。

新人に仕事を教えたあとには、必ず「今、なんて教えたかな？」と質問して復唱させましょう。振り返りを行うことで理解度がチェックできますし、学んだ内容の定着率がアップします。このやり方で教えれば落ちこぼれが出ません。「教える」＋「その内容について質問する」をワンセットで進めることが、新人教育のもっとも基本的なコツです。

教える時は少しずつ教え、すぐ振り返りましょう。一般の社内教育で見かけるのは、大量の仕事を一気に教えてしまい、そのあとは放置、というやり方です。教えっぱなしにしておいたままでは、新人が正しく振り返りを行うことができません。

教えたあとにはすぐ質問することを、教える側の癖にしてしまいましょう。

②「具体的には？」

説明の内容を深掘りする質問です。

①での回答が大まかで漠然としたものだった場合に「具体的には？」と聞くことで学んだ内容を細分化し、具体化できます。

この質問をすることで、部下は教わった内容を具体的に理解しているか、ただ上司の言葉をオウム返しにしているだけではないか、などがチェックできます。

部下が頭の中にあるイメージを具体的に言葉にすることで、教わった内容はリアルな感覚で捉えられるようになり、実地の作業にもすぐ対応できるようになります。

「具体的には？」の他に、「例えば？」「詳しく説明してみて？」のフレーズも同様に使えます。

③「他には？」

この質問で取りこぼしを防ぎます。遠慮して言えないタイプの部下も、「他には？」と水を向けることで発言しやすくなります。

「他に何か、気をつけることは？」と応用すると、仕事の上での注意点、コツなども部下に意識させることができます。

④「つまり？」

これは、まとめの質問です。

流れの最後に、「つまり、教わったことはなんだったの？」と聞くことで、部下が要点をつかめているかのチェックをすることができます。②の「具体的には？」と③の「他には？」の質問で拡散した情報を、最後にまとめさせる質問です。

この①～④の合間に、「そうか」「なるほど」などの相づちや、「すごいね」「さすがだね」などの褒め言葉をはさんで、実際のトークが完成します。

一番コンパクトな「４クエスチョン」のトーク例はこのようになります。

「今日は何を学んだの？」

「そうか。**具体的には？**」

「なるほどね。**他には？**」

「さすがだね。**つまり、**学んだことを**まとめると？**」

「4クエスチョン」にのっとってモノを考える習慣が身につくと、部下はひとりでに成長しだします。部下が成長すると、上司は指導の手間が掛からなくなり、お互いにストレスの少ない職場になります。

確認は「わかった？」ではなく「できそう？」で

部下が教わったことを理解しているかどうか、上司が確認する時には「わかった？」ではなく「できそう？」と聞くのがコツです。

たいていの人は、相手に「わかった？」と聞かれると、本当は理解できていなくても、つい「わかりました」と答えてしまいます。プライドが高く知ったかぶりをしてしまう社員や、逆に遠慮がちな社員も要注意です。

同様に、「大丈夫？」もキケンな質問です。「大丈夫？」と聞かれて、「大丈夫じゃありません」と答えられる新人はほとんどいないでしょう。

ですが、質問を「わかった？」の代わりに、「できそう？」というフレーズに変えただけで、部下は安請け合いの返事がしづらくなります。「できます」と言ってしまうと、その通りの結果を行動で示さなくてはいけなくなるので、返事が慎重で正確になるのです。

「できそう？」と聞いて、「ちょっと難しそうです」と正直な答えが返ってきた場合には、部下が引っかかっている点を明らかにできますから、わかったフリをされるよりもずっと早く部下を育てることができます。

上司「今教えたこと、ひとりで**できそう？**」
部下「ちょっと難しそうです」
上司「どのあたりができなさそう？」
部下「○○の部分ができなさそうです」
上司「じゃあ、○○のやり方を詳しく説明してみようか」

このように指導を進めて、最後にもう一度「4クエスチョン」の4番目の質問を使い、「つまり、今日は何を学んだの？」と聞けば学習は完了です。

「失敗したら50円あげます」ルールとは？

通常の会社では、社員が失敗したら、上司は部下を怒ります。ところがわが社では、社員が「失敗しました」と報告してきたら、みんなで褒めて、さらに50円分のポイントをプレゼントするというルールをつくっています。

50円ポイントを10個溜めると、いつも社内でお願いしている５００円のお弁当に替えられるようになっています。

こんなことをしているのは、日本の会社の中でもわが社くらいかもしれません。ですがこの「奇策」が功を奏して、確実にわが社の業績はアップしています。

このユニークな「失敗したら50円あげます」ルールは、以下のような手順で運用されています。

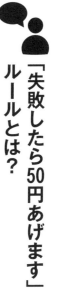

まず、何か仕事で失敗した社員は、わが社オリジナルの「失敗しましたシート」に記入します。シートには、あらかじめ以下の質問が箇条書きで印刷されています。

1．氏名
2．失敗した内容は？
3．どうして失敗に気がついたか？
4．問題があったところは？（失敗の原因）
5．どう対処したか？
6．繰り返さないために取った対策は？

シートは書き込み式になっているので、社員は質問に対して考え、答えていくことで、自分で自分の対応について振り返ることができます。このため、セルフコーチングとしても効果があります。

記入し終えたらシートは上司に提出します。その際、上司は、部下がきちんと報告

「失敗しましたシート」

日付

氏　　名	
失敗した内容は？	
どうして失敗に気がついたか？	
問題があったところは？	
どう対処したか？	
繰り返さないために取った対策は？	

できたことを褒めて前向きにねぎらいます。その後、チームの全員でシートをチェックし、情報の共有を図ります。

また、シートと同時に、これもわが社オリジナルの「失敗しましたポイントカード」を上司に提出してスタンプを押してもらいます。報告1回につきスタンプは1個です。このスタンプ1個が50円分のポイントになるのです。

「失敗しましたシート」の形式そのものは、「報告書」「顛末書」として多くの会社でも使われているかと思います。ですが、ミスを「褒める」「50円プレゼントする」というところが、他社とは決定的に違うところなのです。

社員は、「失敗しましたシート」を出せば出すほどお金がもらえます。ですから、報告書は毎日のようにたまっていきます。わが社は4つの支社に分かれているので、全部の支社を合計すると、月ごとの報告書はかなりの厚さになります。

私がこの「失敗しましたシート」をつくった理由は、常に部下を怒っている「怒り過ぎ上司」がいたからです。

その上司は非常に仕事ができるしミスも全く出さない、個人プレイとしての能力の高さは折り紙付きでした。ですが、そういう人は相手にも同じことを求めますから、部下は大変です。

自分ができるものだから、他人のどんな小さなミスでも許せないのです。もちろん、モラハラの概念は理解していますから、怒鳴ったり、きつい言葉を使ったりはしないのですが、イライラしている時は誰が見てもひと目でわかります。もう、怒りのオーラがうわぁっとあふれているような感じです。

こんな上司のもとで、部下たちは委縮していきました。失敗を怖れて自分の頭で判断しなくなり、社内の活気も失われていきました。イライラ上司に怒られたくないので部下たちはミスを隠すようになり、周囲が気づいた時には、社外に影響の出てしまうようなトラブルの一歩手前という冷や汗もののこともありました。

このままではマズイと思い、取り入れたのがこの「失敗しましたシート」です。すでにやってしまった失敗は隠さずに、ちゃんと社内でオープンにする。そして、次回から対策を打てるようにしていく。そのためにはまず失敗の見える化をしたかったというのがそもそもの発想です。

そのため、これまでとは逆転の発想で「失敗を報告した人はエライ！」という空気づくりを狙いました。失敗を怒らないようにしたかったからです。

50円のポイント制にしたのもその理由です。報告の「ご褒美」を目に見える形にしたことで、「社長は本気なんだ」とみんなが信頼してくれますし、報告にも弾みがつきます。

失敗してしまったことを気軽に報告できるようになると、社内で情報の共有が進むので、次回以降の事故予防が非常にラクになっていきます。

「失敗しましたシート」と「失敗したら50円あげます」ルールを導入したことで、実際に会社は大きく変わりました。社員たちは、自分の失敗や不都合な点を隠すことがなくなったので、大きな失敗が減るようになったのです。

また、「失敗しましたシート」には、改善案も必ず書くので、社員たちは自分の頭でより良いアイデアを考える力を伸ばしていきます。

ミスの経験を集めてみんなでそれを共有すると、経験の蓄積が会社の財産になっていきます。その考え方が浸透してくると、社内は、ミスの報告があったら、報告した人をみんなで褒めたたえようという文化になります。すると、上司は部下を怒れなくなる、というより、怒る必要性がなくなります。

かつての怒り過ぎ上司も、部下をキツく叱っても会社には１銭の得にもならないし、むしろ儲けの足を引っ張るというとロジックが理解できて、大きく変わりました。

今ではすっかり落ち着いて、効果的な社員教育ができる本当の意味でのデキる上司に成長しました。

会社の雰囲気が良くなると、儲けがアップするのはこれまでの章でご説明した通りです。

今後は、これまでに集まったシートをまとめて、失敗の傾向と対策を練っていくことで、宝の山をさらに有効活用していきたいと思っています。

1分でできる「叱らない」教育

この独特な「失敗したら50円あげます」ルールの背景には、わが社が実践している

「叱らない」教育の発想があります。

部下が何か失敗した時、上司は部下を叱るのが一般的です。ですが、わが社では、できるだけ部下を叱らずに教育効果を上げる工夫をしています。**この「叱らない」教育は、たった1分でできます。**一般的な「叱る」教育に比べて、指導効果が高く、上司と部下の双方のストレスも少なく、さらに粗利率もアップするのです。

では、叱る代わりに、いったいどうすればいいのでしょうか？

その答えはやはり「質問すること」です。このメソッドは、本章の冒頭で紹介した「4クエスチョン」を発展させたものです。

「4クエスチョン」は、「今、なんて教えたかな？」で現状を把握させ、「具体的には？」で内容を掘り下げ、「他には？」で取りこぼしをふせぎ、「つまり？」でまとめるという流れでした。

「叱らない」教育は「4クエスチョン」の流れに従って、4つの短い質問を繰り返

すことで、部下に現状を把握させ、最終的には部下自身で解決への手順を導き出せるようにします。

上司が部下を叱るのは、上司から指示されたことを部下がその通りやっていなかった場合がほとんどです。こんな時、「叱る」教育を行う上司は「なんで言われたことができないんだ！」と怒るでしょう。ですがその内実は、自分の命令に部下が従わなかったことへの怒りがほとんどです。叱責の目的は、問題点の分析ではなく、不快な状況への謝罪を求めているだけなのです。

こういう上司の下では、部下は委縮し、改善策を深く考えることができません。そしてまた同じ過ちを繰り返すのです。

しかしわが社では、部下が仕事をやっていなかった時には「○○はどうしたの？」と質問し、沈黙で間を取って部下に考えさせます。

これは、「４クエスチョン」の最初の質問である、「今、なんて教えたかな？」のバージョン違いともいえます。

「今、なんて教えたかな？」と質問する代わりに、「○○はどうしたの？」と質問することで、現状を把握していきます。

「叱らない」教育の流れは以下のようになります。

1　「○○はどうしたの？」と質問し、問題が発生している現在の状況をおおまかに把握させます。
2　「具体的には？」と質問することで、問題点の理解を深めさせます。
3　「どうしたらできるようになると思う？」と質問をして、部下自身に、改善点を考えさせます。
4　「他には？」と聞いて、取りこぼした情報がないかの確認を行います。

「叱らない」教育が進められている職場での建設的なやりとりはこんな感じです。

上司「仕事（A）**はどうしたの？**」
部下「申し訳ありません。忙しくて手が回りませんでした」
上司「忙しかったんだね。それで、**具体的には**どんな感じなの**？**」
部下「お客様へ送らなければいけないメールが多く、Aにまで時間を回しきれませんでした」
上司「大変だったね。じゃあ、**どうしたら**期限内に**できるようになると思う？**」
部下「仕事の優先順位を整理して……（以下略）」
上司「なるほど、**他には？**」
部下「午後3時に、仕事の進み具合を一度チェックします」
上司「**できそう？**」

ここでのコツは、部下の言葉を「忙しかったんだね」と共感のフレーズで受けとめることです。ただの言い訳だと思っても、いったん共感することが大事です。部下は、自分の発言が頭ごなしに否定されないことがわかると、ようやく安心して自分の問題点や改善策をしっかりと考え始められるようになるのです。

「叱らない」教育は、どの質問も1分で完了するので、どんな上司でもスムーズに部下の指導を行うことができます。

「4クエスチョン」の手法を応用すれば、叱責という手段に頼らなくても、部下は自分の頭で改善策を見つけ、粗利アップに向けて行動を開始できるようになるのです。

コラム

お客様の要望にそった具体的な商品の提案ができるように

■鈴木製機株式会社（リフトの製造・販売）

工場などで使うリフトの製造、販売を行っている会社ですが、今までは営業担当の社員が営業に行っても、自社の製品を説明することに終始しがちでした。つまり、お客様の話を聞くことができず、相手にとって本当に必要な商品の提案ができていなかったのです。

それが、営業担当の社員を対象にした「できました」教育の研修を行うことによって、うまく「間」を取ることができるようになり、例えば、どうして、当社に電話をくださったのか、どうしてリフト（商品）に興味を持ってもらえたのか、といった質問もできるようになったそうです。そういった質問を元に、お客様のニーズに沿った商品の提案ができるようにもなりました。お客様の望みに寄り添うことで、成約率が上がり、値引き交渉も減ってきているそうです。

第7章

儲かる会社は、まず社員を大事に

良い会社づくりのためには粗利アップが必要

社長も、社員も、お客様も、みんなが幸せになれる良い会社をつくるには、粗利率を高くすることが不可欠であるということを第1章でお伝えしました。

一番効率的な粗利アップの方法は、値上げを行うなどして売価を高く設定することですが、売価を上げるためにぜひ取り入れたい発想が「ブランド化」です。

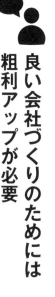

例えばiPhoneを思い浮かべてみてください。iPhoneは先進的でおしゃれなイメージがあり、若者を中心に高い人気を集めていますが、上位機種の定価が16万円以上します。

一方、ガラケーと呼ばれるいわゆる従来型の携帯電話は、高いものでも定価は2万円を切ります。もちろんiPhoneとガラケーでは性能に大きな違いがあるので、同じ基準では比べられませんが、16万円出してガラケーを買う人はほとんどいないのではないでしょうか。iPhoneを買う人は、iPhoneと、その販売会社であるAppleのイメージに魅力を感じているからこそ、その金額を出すのです。

Appleの利益率は驚くべきものがあります。なんと売り上げの3割近くが経常利益、つまりおおざっぱに言ってしまうと粗利なのです。これは、ブランドイメージを活かしたビジネスの成功例と言っていいでしょう。

このようなケースは、アメリカの企業に例が多いのですが、日本でもセブン―イレブンの「セブンプレミアム」商品などはうまくいった例です。従来は、プライベートブランドとして低価格で扱っていたものを、プレミアムと銘打ち、価値をアップして販売しています。

これらのビジネスは、なにもぼったくりというわけではありません。その商品に対してユーザーが感じている価値に、商品の価格をすり合わせていくという、本来の値決めの考え方としてはむしろ健全な動きです。世界的に言えば、「良いものをより安く」という日本流の価値観の方がレアなケースなのです。

作れば作るだけ売れた高度成長期には、「良いものをより安く」というのが、正しい考え方でした。しかし、高度成長期もとっくに過ぎ去り、少量多品種生産が社会の主流となった現在では、「良いものをより安く」というかつての価値観は企業の体力を奪い、日本経済の破綻を招きかねないのです。

これからは、**顧客一人ひとりのニーズに合った商品を、そのニーズに見合った高価格で売ることが健全な経営の基本となります。**商品に備わっている価値を、目に見える形にしてお客様に示すことが、すなわち「ブランド化」なのです。

ですが、中小企業の場合は、商品そのものでブランド化を進めるのはかなり厳しいものがあります。なぜなら、お客様が高い価値を感じるような商品を新しく開発しようと思うと、高い技術力とコストが必要になるからです。そもそも資金面でも人材面でも体力がない中小企業にとって、新商品を開発すること自体が、会社の存続危機につながりかねない場合も多いのです。

そこで私がおすすめするのは、「社員の個性」を売ってブランド化を進めていくことです。これは、社員一人ひとりが持っている個性、人となりを活かすことで、お客様との関係性を強化し、高い収益を得られるビジネスの形を整えていく、というものです。私は、「ブランド化はモノより人で行う」というのが、中小企業にとってのこれからの正しいブランド戦略であると考えています。

差別化は商品より人で行う

なぜ、ブランド化を進めるには、モノよりも人＝社員の個性を打ち出していった方がいいのでしょうか？　それは、**人間は、モノよりも人間に愛着を持つからです。**

また、商品開発や製造にコストが掛かります。中身は変えられず、せめて見せ方で差別化をはかりたいと思っても、新しいパッケージや広告を作るのにコストが掛かってきます。

一方、社員の個性を打ち出す場合には、社員一人ひとりにすでに個性が備わっているのでコストが掛かりません。「担当の○○と申します。得意分野は、利益率アップのためのアドバイスです」と**個人を押し出していくだけで、差別化、ブランド化ができるのです。**

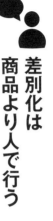

その発想から、実際にわが社では会社のホームページに社員個人の顔やプロフィールなどを出しています。お客様には、ホームページで社員の顔を見て親しみを感じていただいているので、実際にお会いしてからの会話も盛り上がりますし、電話でのご相談であっても、お客様の中で、どんな相手と話しているかのイメージができているので会話がスムーズに進みます。

また、似顔絵入りの名刺も強力なツールです。わが社では、プロのイラストレーターさんに依頼して社員の似顔絵をつくってもらい、各人の名刺に刷り込んでいます。

その効果は絶大です。一度名刺交換をすれば、ビジュアルで覚えていただけるので、お客様が名刺ファイルをめくるたびに「ロームの○○さんか。利益率アップが得意な丸顔の人ね」と記憶が蘇ります。同業他社との競合になった時も、「あの時のロームの○○さん」と真っ先に思い出していただけるので、ご連絡をいただく確率も段違いにアップします。

心理学に「ザイオンスの法則」、または「単純接触効果」という用語があります。これは、同じ相手と会う回数が増えるほど、相手に対する好感度も上がるという人間の心の働きのことで、もちろんビジネスでも有効な仕組みです。

似顔絵入りの名刺も、私自身がYouTubeに自分の動画をアップしているのも、この効果を意識してのことです。

個人を打ち出していけばいくほど、お客様との心理的な距離は近くなり、特別な存在になっていき、差別化が進めやすくなります。差別化が進むとお客様に選ばれやすくなっていくので、結果として売り上げがアップします。

ビジネスの大きなポイントは人間関係の構築にあるので、人間を前面に出すということが大きな影響を持ってくるのです。

コミュニケーションスキルのある社員は目立つし、会社も目立つ

ではいったいどうすれば、社員を前面に出したブランド化を推進できるのでしょう。
その答えは、粗利脳に基づいた発想でコミュニケーションスキルを磨くことです。

今の若者は、物心ついた時からパソコンやインターネットに囲まれて育ち「デジタルネイティブ」と呼ばれる世代です。ＩＴでの情報処理やＳＮＳでのバーチャルなコミュニケーションに長けている反面、人間相手のリアルな会話や謝罪、接客といったコミュニケーションがヘタな人が増えています。

今は、電話を掛ける時も、直接個人の携帯電話につながりますので、昔のように相手の家族に敬語を使って本人につないでもらう、といったことはなくなりました。

さらに最近は、携帯電話でも声に出して「話」をするということをしません。もっ

ぱらＬＩＮＥやショートメッセージ機能などで連絡を取り合うため、会話そのものをしなくなってきているのです。

私の感覚でいうと、30歳以下ぐらいからその傾向は大きくなってきているようです。特に男性の方がその傾向は強いようです。女性は、元々おしゃべりが好きなので、男性よりは、相手と直接話す機会が多いようですが、それでも30歳以下になると、やはりリアルでのコミュニケーションが不得手になってきています。

お客様とリアルなコミュニケーションを取ることの重要性に気がついている経営者にとって、これはチャンスです。社会規模で対人スキルが下がってきているので、ちょっと社員のコミュニケーション力の強化に力を入れただけで、他社に差をつけることができるからです。昔なら当たり前と言われるレベルの気遣いをしただけでも、「あそこの社員はさすが気が利く、頼りになる」と評判になります。

ちまたには、コミュニケーションスキルをアップさせる一環として、接客応対のトレーニングを専門に行うセミナーなどもありますが、そのほとんどは、ホテルマンなどの純然たるサービス業に従事している人を対象にしたものです。

一般の事務員や営業担当者が、こうした接客応対の訓練を受けていることはほぼありません。

そこで、多大な威力を発揮するのが、これまでご説明してきた「できました」教育なのです。「できました」教育は、通常業務の効率をアップするとともに、コミュニケーションのスキルも育てています。

「できました」と「ありがとう」のセットを基本にしたトークの流れを身につけることで、対人関係を深めることができ、お客様との関係性が濃くなります。

そうなれば、お客様からの選好性も自然とアップしますし、お客様自身も気づいていないような潜在ニーズを掘り起こすこともできるようになります。

「できました」「ありがとう」という一対のトークの目的は、ただお客様と仲良しになることではありません。

関係を良好にするトークが、次々とお客様の課題を解決し、粗利アップにつながるビジネストークに移行していくよう設計してあるのがミソなのです。

職場のコミュニケーションを改善するメリット

今でこそ活気にあふれているわが社ですが、実は、以前のオフィスにはほとんど会話がなく、静まり返っていました。そして、ピリピリとした緊張感があふれていました。当時、私がムダ話は「損だ」と思っていたからです。

まだ粗利脳にシフトする前だった私は、とにかく、社員たちは余分な話をせずに目の前の仕事だけに集中してほしいと思っていました。社労士事務所なので、給与は1分単位で払っています。お金に余裕がない時代は、社員同士のおしゃべりがとにかくキライでした。1分単位で給与を支払うのだから、1分、1秒を惜しんで働くのが当然だと思っていました。

それが20年以上前のお話です。ですが、それから時が流れ、私は全くムダがない組織、つまり余裕がない組織は成長しないことに気づきました。

もしあなたの職場にコミュニケーションが一切なかったら、あなたは、「この会社で長く働きたい」と思えるでしょうか？ほとんどの人は息苦しくなって脱落してしまうでしょう。人間も、ビジネスも、常に全力疾走することはできません。安定的に成長するためには、なにごともメリハリが必要なのです。

今のわが社は笑顔と活気に満ちて、それでいて昔とは比べものにならないぐらい儲かっています。社員同士の間には、きちんと挨拶があり、お互いを尊重し合っていて、居心地の良い雰囲気が流れている。

良いコミュニケーションが良い社風をつくります。そして、働きがいを感じたり、自分の成長を実感できたりする瞬間は、同僚やお客様との「対話」から生まれます。

お客様から、「いつもありがとう」「○○さんにはいつも助けられています」と言われると、働きがいを感じたり、自分の成長を実感することができるのです。

人はお金だけでは働き続けることはできません。その証拠に退職理由の第1位は、いつの時代も「人間関係のトラブル」です。働きがいもコミュニケーションが土台なのです。


働きがいを持ってこそ、社員はもっと頑張りたいと思えます。本人の意思で働かないと、粗利アップにつながる効果的な行動はできません。

そのためにも、ピリピリ、ガミガミと頭ごなしに叱るよりも、質問と回答を繰り返してコミュニケーションをはかる指導の方が効率的です。これで自分の頭で考えることのできる社員が増え、会社の利益も増えていくのです。

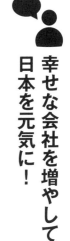

幸せな会社を増やして日本を元気に！

私は、社員の働きがいとは、生活が安定すること、自分の頭で考えて仕事ができること、お客様から「ありがとう」と言っていただけること、この３つから成り立つと考えています。そして、お客様に喜んでいただけるような仕事をすることで、このすべてが叶うのです。

お客様に喜んでいただくためには、いつも新しいアイデアを生み出していくことが必要です。思いついたアイデアは、必ず一度は自分でやってみて、どうすればさらに使いやすく効果の高いものになるかのブラッシュアップを繰り返します。それで、もう一度試して、ダメだったらまた改善して……と課題は尽きません。人生はわからないことばかりですが、だからこそ工夫を重ねて成長し、仕事と人生がもっと楽しくなっていくのではないでしょうか。

良い仕事は、お客様を幸せにし、社員を幸せにし、そして社長を幸せにします。幸せになると、人間はますます力を発揮できます。私は自分の会社の社長として、また多くのお客様のご相談に乗る社労士として、これからも走り続けていきます。

私は、「人事労務で日本を元気に」という言葉をモットーにしています。さまざまな悩みを抱える社長さんの課題を解決し、幸せな会社が増えれば、日本はますます元気になれると思うのです。

これからも、今まで培ってきた社員教育のノウハウで、日本を元気にしていきたいと考えています。

牧野　剛（まきの・つよし）
社会保険労務士法人ローム代表社員

1961年、静岡県浜松市生まれ。静岡大学人文学部卒。コープしずおか入社。生協に入社した当時、社内の労働環境は悪く、サービス残業が当たり前で、休日も少なく、有給休暇も取れない状況だった。生協同士の合併や経営危機によるリストラ、組合での団体交渉（200人）など、組織の活性化のための活動が自分の将来を決定づけた。労働組合運動をしていくうちに、労働問題に興味を持ち1989年に社会保険労務士の資格を取得。当時、受験者の10％しか受からなかった社労士に3ヶ月で合格。

1991年に独立。2007年に社会保険労務士法人ロームを設立。同社は、静岡でナンバー1の社労士事務所であり、全国でも20番目の規模。モットーは「地域に密着した中小企業支援で日本を元気にしたい」。社会保険労務士としての業務以外に、企業の研修講師なども行っており、過去に1000社以上の人材教育に関わる。特に人材育成に悩んでいる中小企業の経営者が多いことから、「できました」教育のメソッドを開発。多くの経営者の悩みを解決してきた。

現在601社の顧問先の労務管理に従事。顧問先のリフォーム会社の役員になり、1年で赤字から黒字にV字回復させた実績も持つ。「経営」が解る社労士。

静岡県浜松市南区三島町1605—1
HP：https://roum.info/
メルマガ「人事労務で日本を元気に！」

出版プロデュース：株式会社天才工場　吉田 浩
編集協力：長谷川 華
　　　　　渋谷 麻子
装　丁：小口 翔平＋岩永 香穂（tobufune）
画　像：123RF
本文デザイン＆DTP：有限会社中央制作社

社員は1分で変わる！

二〇二〇年（令和二年）二月七日　初版第一刷発行
二〇二三年（令和五年）九月一三日　初版第二刷発行

著　者　牧野 剛
発行者　石井 悟
発行所　株式会社自由国民社
　　　　東京都豊島区高田三―一〇―一一
　　　　〒一七一―〇〇三三 https://www.jiyu.co.jp/
　　　　振替〇〇一〇〇―六―一八九〇〇九
　　　　電話〇三―六二三三―〇七八一（代表）
印刷所　大日本印刷株式会社
製本所　新風製本株式会社